A educação dos cinco sentidos

Haroldo de Campos

A EDUCAÇÃO DOS CINCO SENTIDOS

POEMAS

Organização
Ivan de Campos

ILUMI//URAS

Copyright © 2013
Carmen de P. Arruda Campos e Ivan P. de Arruda Campos

Copyright © desta edição
Editora Iluminuras Ltda.

Capa
Eder Cardoso / Iluminuras

Foto de capa
Samuel Leon

Revisão técnica
Gênese Andrade

Revisão
Tatiana Faria
Letícia Castello Branco

CIP-BRASIL. CATALOGAÇÃO-NA-FONTE
SINDICATO NACIONAL DOS EDITORES DE LIVROS, RJ

C21e

Campos, Haroldo de, 1929-2003
 A educação dos cinco sentidos : poemas / Haroldo de Campos. - São Paulo : Iluminuras, 2013.
 160p. : 23 cm

 ISBN 978-85-7321-337-9

 1. Poesia brasileira. I. Título.

12-6520.   CDD: 869.91
                             CDU: 821.134.3(81)-1

06.09.12 20.09.12   038903

2020
EDITORA ILUMINURAS LTDA.
Rua Inácio Pereira da Rocha, 389
CEP 05432-011 - São Paulo - SP - Brasil
Tel./Fax: 55 11 3031-6161
iluminuras@iluminuras.com.br
www.iluminuras.com.br

ÍNDICE

A educação do sexto sentido: poesia e
filosofia em Haroldo de Campos, 9
K. David Jackson

Prefácio à primeira edição espanhola, 13
Andrés Sánchez Robayna

A EDUCAÇÃO DOS CINCO SENTIDOS

a educação dos cinco sentidos (28 abr. 1979), 23
ode (explícita) em defesa da poesia
no dia de são lukács (19 ago.1980), 26
tristia (set. 1979), 31
como ela é (23 mar. 1980), 32
portrait of the artist as an old man (6 jun. 1980), 33
je est un autre: ad augustum (1º jul. 1980), 34
minima moralia (25 jun. 1982), 35
de um leão zen (nov. 1982), 36
mencius: teorema do branco (nov. 1982), 37
opúsculo goetheano (9 abr. 1982), 38
opúsculo goetheano 2 (11 jun. 1982), 42
1984: ano 1, era de orwell (dez. 1983), 44
tenzone (3 jul. 1984), 45
provença: motz e.l. son (2/3 jul. 1984), 46
klimt: tentativa de pintura
(com modelo ausente) (5 jul. 1984), 47
le don du poème (23 mar. 1985), 48
brancusi (17 jul. 1985), 49

AUSTINEIA DESVAIRADA (1981)

ex / planation, 52
ex / plicação, 53
the front door, 54
quotidie, 55
squirrels, 58
birdsong: alba, 59
aisthesis, kharis: i k i, 60
lesbos at waterloo ice, 61
frozen lobster, 62
cello impromptu, 63
'tis optophone which ontophanes, 64
antifetichism, 65
mad austinea: cartoon, 66
usura canto, 67
beauty: a thing of, 69
a operação tradutora 1. transblanco, 70
a operação tradutora 2. o que é de césar, 71

TRANSLUMINURAS

heráclito revisitado (1973), 75
grécia tropigal (1974), 84
litaipoema: transa chim (1977), 85
fioritura anedotada (29 abr. 1979), 87
baladeta à moda toscana (1983), 88
transideração. ungaretti conversa com leopardi, 90

3 BIOGRAFEMAS IN MEMORIAM

o homem e sua hora (28 nov. 1962), 93
nosferatu: nós / torquato (10 jan. 1974), 94
parafernália para hélio oiticica (1979), 95

6 METAPINTURAS E 1 METARRETRATO

polipoema para mary vieira (15 jul. 1967), 99
constelário para antonio dias (4 mar. 1970), 101

nomeação do azul-volpi (jul. 1972), 102
cláudio tozzi: cor pigmento luz (jun. 1975), 104
o banal fantástico: regina silveira (9 set. 1980), 108
anatomia do gol (3 set. 1985), 110
hieróglifo para mario schenberg (1º/6 set. 1984), 114

NOTAS, 117

ANEXOS, 122

Nota sobre CD que integra este livro, 125

"Logopeia via Goethe via Christopher Middleton":
uma gravação perdida de Haroldo de Campos, em Austin,
traduzindo poemas de Christopher Middleton e Goethe, 127
K. David Jackson

Meu amigo Haroldo, 143
João Ubaldo Ribeiro

Sobre o Autor, 147

Bibliografia de Haroldo de Campos, 151

A EDUCAÇÃO DO SEXTO SENTIDO: POESIA E FILOSOFIA EM HAROLDO DE CAMPOS

Kenneth David Jackson
Yale University

Nos poemas de *A educação dos cinco sentidos*, Haroldo de Campos procura definir um sexto sentido poético, construído por meio dos cinco comuns. O poeta experimenta uma percepção filosófica liminar, capaz de nos tornar conscientes da existência de um sexto sentido superior, entre *"visibilia/ invisibilia/ o ouvível/ o inaudito"*. Trabalhar com a linguagem dos cinco sentidos para chegar ao sexto, o da *poiesis*, é *"trabalho tão raro"*, purgatório *"entre / inter"*, relâmpago do *"salto tigrino"*. A linguagem procurada pelo poeta para tal aprendizagem metafísica, matéria cabralina, é *"ar/ lapidado"*, *"trabalho diáfano mas que/ se faz (perfaz) com os cinco/ sentidos"*. O percurso é uma viagem e uma formação, uma procura e defesa da poesia como forma de conhecimento. É batalha e deslumbramento. Na forma de uma alegoria ou parábola, o poeta sai em viagem quixotesca, à procura de um entendimento do mundo pela observação e pela linguagem.

A educação é viagem e aprendizagem. O poeta viaja a Austin para a Universidade, onde passeia, na sombra da lira paulistana de Mário de Andrade, numa nova metrópole, e lança sua "Austineia desvairada", entre *cartoon* e *kharis* (a criação de alegria ou prazer no observador), ou o ideal estético japonês de *iki*. A formação do poeta é antropófaga, uma deglutição das práticas poéticas universais. É uma viagem de experiências e a experiência de uma viagem, na qual o poeta anda um pouco acima do chão. Não há "EX / PLANATION": *"there is no/ plain meaning/ in a/ poem// when one/ begins to ex/ plain it/ and reaches the/ end/ only the ex-remains:"*. Tudo que passa pelos sentidos é matéria para uma poética da filosofia.

Como é esse sexto sentido quando *"a flor flore/ o colibri colibrisa/ e a poesia poesia"*? As imagens, *exempla*, metáforas e lições d'*A educação dos cinco sentidos* compõem uma rica e dinâmica viagem-livro transcendental, quase metafísica: *"de um leão zen"*, ou seja, *"no avesso do olho"*. Qual o caminho trilhado pelo poeta? O que aprende nas aulas dessa "educação" para chegar às suas *transluminuras*? Passa por uma galáxia de significantes, que acabam se materializando como forma de conhecimento e de pensamento:

acupuntura com raios cósmicos/ poesia à beira-fôlego/ uma dança/ um bodisatva/ o olho do furacão/ o branco do branco/ a combustão desta página virgem/ chuva de rosas/ poeira radiosa/ harpa eônia/ arco-íris branco/ esquifes náufragos/ concerto de timbres/ elmo de nácar/ libido da madeira/ pássaro encerrado/ godivas em bicicleta/ vênus de tênis branco/ desgaláxia de buracos negros/ nume de letras sagitadas/ volátil primavera/ o acaso todo de branco na curva do meridiano/ vampiros cefalâmpados/ camaleocaleidoscópico/ zepelim das cores/ útero da forma/ fome pluriesfaimada/ ideogramas geogramas biogramas/ vermelho de vermelhos/ pensar a luz/ o olhar transfinito/ flor de lótus/ súbito circulado de infinito.

O *Bildungs-Poesie* de Haroldo é também a história de uma viagem pessoal, nessa esfera mágica de comunicação e relacionamento por meio do poético. Assim, os poemas são dedicados às figuras que o poeta encontra no caminho, como num diário, *memorandum* ou memória. Primeiro, os companheiros de viagem na Austineia: *benedito nunes, maria sylvia, beth e david, ad e fred*. E depois os poetas, artistas e cientistas brasileiros que homenageia na viagem: *Mario Schenberg, Regina Silveira, Cláudio Tozzi, Alfredo Volpi, Antonio Dias, Mary Vieira, Hélio Oiticica, Torquato Neto, Mário Faustino, Gal Costa, Caetano Veloso, Augusto de Campos, Décio Pignatari*. E os artistas estrangeiros que quer pintar ou esculpir em palavras vivas e expressivas, como na obra artística: *Gustav Klimt* e *Constantin Brancusi*.

Depois os mestres. Mário de Andrade dedicou sua poesia desvairada a apenas um mestre, do mesmo nome, ocultando sua dívida para com os poetas que andaram por suas metrópoles, do "Sentimento" de Cesário Verde a Baudelaire e os franceses. No *Bildungs-Poesie* haroldiano, porém, há um grande número de mestres que constituem o panteão intelectual do poeta viajante, evocados e unidos a partir de duas citações de Goethe: "... *die*

Natur kann die Entelechie nicht entbehren..." ("... a natureza não pode dispensar a enteléquia...") e "*Jede Entelechie nämlich ist ein Stück Ewigkeit*" ("Toda enteléquia é pois um fragmento de eternidade"). Dados os parâmetros de uma viagem real e liminar, fáustica e cifrada, o poeta visita e cumprimenta seus autores-mestres: *Peirce, Sousândrade, Benjamin, Lukács, Mann, Akhmatova, Jakobson, Adorno, Rimbaud, Joyce, Mencius, Fenollosa / Pound, Williams, al-Ghazzali, Paz, Vallejo, Heidegger, Alkaios, Li T'ai Po, Cavalcanti, Ungaretti, Leopardi, Heráclito, Dante*, os *Provençais* e outros. As notas de rodapé se tornam essenciais, preparando o leitor para a viagem filosófica e referencial, mas, como Scylla e Charybdis para Odisseu, ameaçam desviar o leitor. Não explicam (*não há ex / plicação*) nem a origem nem a coerência da confluência de figuras desse *musée sans murs*, de uma prática entre a poesia e a filosofia. A poesia filosófica haroldiana resulta da própria "*vidatempo*" controlada pelos deuses, o oráculo que "*não fala/ nem cala*", é "*o homem e sua hora*", uma "*fília filocríptica*" barroca de "*desvelos/ do sem-véu/ pelo velar-se*". Ou: um *transblanco, frozen lobster, cartoon, godivas em bicicleta, amor com o pato Donald*.

A viagem é feita com imaginação e humor, sobretudo porque é guiada pelos deuses gregos, e como toda viagem galáctica existe dentro do espaço e da linguagem da poesia. O poeta viajante recapitula todas as viagens nas lindíssimas imagens de Li T'ai Po ("Litaipoema"): sentados os dois, através dos séculos, com uma jarra de vinho, a lua, no silêncio, meditando no meio da alegria latente de uma volátil primavera, cantando e dançando, unidos por nós de água. Com apenas o sexto sentido é que sabem perguntar se são reatáveis os nós, resolvidos a esperá-los num passeio pela Via Láctea. Ainda em Austin, recebi de presente o poema de Li T'ai Po em um cartaz, emoldurado, letras de prata contra um fundo de profundo azul. Com o tempo, no sol do Texas, apagaram-se as letras e ficou apenas um leve azul, o texto um traço de prata, estrelas cintilantes, entre *visibilia* e *invisibilia*. *Poème de visite* em tinta delével? Convite à Via Láctea? Hoje um mistério de cor sem palavras.

Com *A educação dos cinco sentidos*, Haroldo de Campos faz um livro de poesia diferente. Lembrando o título de Mário Faustino, é poesia-livro-experiência, uma conversa com a escrita mundial, um passeio por entre momentos vividos, um diário do mais quotidiano ao mais estético. Haroldo encontra tudo aberto a duplas e múltiplas leituras. Pinta, esculpe, ri. Pula como o tigre na volátil primavera de sua invenção. Convida-nos a compartilhar o sexto sentido aberto pela poesia.

PREFÁCIO À PRIMEIRA EDIÇÃO ESPANHOLA[1]

Andrés Sánchez Robayna

O texto integral de um dos mais inquietantes poemas deste livro — "Minima moralia" — diz assim:

já fiz de tudo com as palavras

agora eu quero fazer de nada

O leitor que não conhece a evolução e a trajetória criadora do poeta Haroldo de Campos, cuja obra se inicia no final dos anos 1940, poderia talvez inferir desses versos uma atitude à primeira vista claudicante: a atitude de quem, após uma longa experiência na poesia, acaba situando-se no plano de uma espécie de angústia criadora, em parte ou no todo convergente com o *desengano* pós--moderno que, entre outras coisas, significa ou deseja significar — pelo menos em algumas de suas acepções — o fim do *tempo* da literatura de vanguarda.

Nada, porém, mais errôneo. Sem negar certo possível componente irônico nesses aparentemente "desenganados" versos, penso que se impõe que se veja neles mais exatamente — precisamente à luz da evolução de uma obra que se estende desde a fase "heroica" da *poesia concreta* até os anos de redação do presente volume — a sábia atitude do velho artífice que, como o mestre zen, chegou a uma fase de síntese extrema. *Tudo* e *nada* não seriam aqui, justamente, as formas extremas da radicalidade, as únicas opções possíveis da verdadeira criação? Que o digam, de outro modo, as palavras de Baudelaire: *"En matière d'art, j'avoue que je ne hais pas l'outrance: la moderation ne m'a jamais semblé le signe d'une nature artistique vigoureuse"*.[2]

---

[1] Tradução de Gênese Andrade. Publicado originalmente em Haroldo de Campos. *La educación de los cinco sentidos* (trad., pref. e notas: Andrés Sánchez Robayna). Barcelona: Àmbit Serveis, 1990, pp. 11-16.

[2] Charles Baudelaire. "Richard Wagner et Tannhauser à Paris", em *Oeuvres completes*, v. 2. Paris: Gallimard, 1976, p. 807. (Bibliothèque de la Pléiade)

Essa seria, de fato, uma leitura possível desses versos, pertencentes a uma fase específica da poesia do autor, que em 1976 reunia no volume *Xadrez de estrelas* (*1949-1974*) um amplo "percurso textual" de sua obra, definida pelos mais radicais princípios de *invenção* e *construtividade* poéticas. Era, note-se bem, a primeira edição regular de uma poesia que até então havia preferido manifestar-se quase sempre por vias de voluntária marginalidade com relação à literatura estabelecida.

Xadrez de estrelas constitui um dos expoentes máximos da radicalidade vanguardista na poesia latino-americana. Herdeira tanto dos modernistas brasileiros e de João Cabral de Melo Neto quanto de José Juan Tablada e Vicente Huidobro, a poesia de Haroldo de Campos retomava, nesse livro, toda a pesquisa poética moderna voltada para a *materialidade* da linguagem; um livro que, não por acaso, abria-se e fechava-se em dois momentos "barrocos" (neobarrocos) da evolução da poesia do autor, que ao longo de um quarto de século havia transitado pelas mais rigorosas linhas de pesquisa e experimentação poéticas, muito especialmente a espacialidade, a materialidade do signo e a antidiscursividade.

Três anos mais tarde (1979), e paralelamente a uma sempre intensa atividade crítico-ensaística, Haroldo de Campos publicava um novo livro de poemas, *Signantia: quasi coelum*. Próximo à órbita do "Paraíso" de Dante (que traduzia nesses anos), a voz poética voltava-se nessa ocasião para o que o autor chamou uma linha de "transparência" e "cristalinidade" que não era senão um prolongamento do que tempos atrás se buscava como uma escritura de "essências" e "medulas". Em 1984, vêm à luz, finalmente, *Galáxias*, longo texto iniciado em 1963 cujo eixo de pesquisa era, nesse caso, a proliferação fônica e semântica materializada em compactos blocos de "prosa minada", em "quadros" de viagens que ocorrem no espaço real e — com não menos realidade — no interior da linguagem.

Em 1985, publica-se *A educação dos cinco sentidos*. Estamos agora, a rigor, em uma fase dessa obra que, se não é diferente, pelo menos conhece uma dupla abertura (já prefigurada em determinados textos de *Galáxias* e *Signantia*): de um lado, para o "expressivo", e de outro, para a linguagem poética na história. Uma fase que, de certo modo, poderia ser resumida dizendo-se que nela já não interessa tanto ao autor apenas a busca da *concreção* criadora, essencialmente baseada no construtivo (a *poesia concreta* fundada por Augusto e Haroldo de Campos e Décio Pignatari no início dos anos 1950, uma concepção da poesia que constituiu, a rigor, o último grande movimento das vanguardas históricas), quanto o que o próprio poeta chamou a *concretude*, isto é, a localização na história da poesia de uma concepção particular da linguagem, da qual a *poesia concreta* propriamente dita não seria senão sua mais enfática versão no interior da modernidade. Essa perspectiva — a busca da *concretude* — permitiu a Haroldo de Campos levar a cabo um dos mais fascinantes ensaios de interpretação da história da poesia mediante o dispositivo da tradução criativa ou *transcriação*: uma técnica e um "saber" poético que fizeram Roman Jakobson falar da "suprema acuidade" do poeta brasileiro "para os mais íntimos elos entre som e sentido, uma acuidade que fundamenta e sustém os seus ousados experimentos poéticos e estimulantes descobertas".[3]

De fato, desde muito cedo os poetas concretos brasileiros se propuseram uma "retroação" teórica de sua concepção da linguagem. Os princípios de economia, medularidade, essencialidade, fragmentarismo, metalinguagem são rigorosamente pesquisados na poesia do passado. Esses estudos descobriram que não só se pode fazer uma "história" da *atitude concreta* desde Homero, mas também que, de fato, são os poetas mais atentos à materialidade do signo aqueles que representaram verdadeiros marcos na história da linguagem da poesia. Para limitarmo-nos apenas às pesquisas, estudos e traduções (*transcriações*) de Haroldo de Campos, a abertura radical às linguagens históricas da poesia levou-o — algumas vezes em colaboração com os outros fundadores do concretismo — a examinar a fundo as obras de Dante (*Seis cantos do Paraíso*, 1978) ou Goethe (*Deus e o Diabo no Fausto de Goethe*, 1981), de Mallarmé (*Mallarmé*, 1974) ou Pound (*Cantares de Ezra Pound*, 1960), mas também — já de modo mais fragmentário — a dos vanguardistas alemães e dos haicaístas japoneses; e isso sempre levado a efeito mediante longos anos de dedicação ao estudo das diversas línguas, e a tarefa da tradução sempre acompanhada por ensaios críticos muito rigorosos. Nos anos seguintes, Haroldo de Campos esteve se dedicando à tradução de alguns textos da Bíblia (especialmente o capítulo inicial do Gênesis e o Eclesiastes). Assim, a *transcriação* veio a ocupar, no interior dessa obra, um lugar inseparável da criação poética *stricto sensu*, isto é, alcançou seu próprio estatuto:

---

[3] Roman Jakobson. "Carta a Haroldo de Campos sobre a textura poética de Martín Codax" (trad.: Francisco Achcar), *Grial*, n. 34, Vigo, out.-dez. 1971, p. 392.

uma espécie de conaturalidade. Essa é a razão pela qual quase toda uma seção deste livro, intitulada "Transluminuras", gira em torno do espírito e da prática da *transcriação*.

A educação dos cinco sentidos é, em não pequena medida, um "diário" poético. Como ocorre igualmente em diversos fragmentos de *Galáxias*, determinados traços autobiográficos (isto é, lírico-expressivos) aparecem aqui sabiamente tramados no interior de uma indeclinável vontade construtiva. Esse processo ou essa tensão entre o expressivo e o construtivo se resolve com frequência em um tipo de composição que o autor chamou "reflexivo-metalinguística": "Entendo — escreve Haroldo de Campos —, com Mallarmé, que 'os assuntos da imaginação pura e complexa ou intelecto' não devem ser excluídos da poesia, 'única fonte'".[4] Na realidade, a maior parte desses textos é fortemente marcada por essa concepção reflexivo-metalinguística, como se a prática da poesia fosse hoje impensável além de umas precisas margens de autoconsciência. Outro importante grupo de poemas é constituído por homenagens a artistas plásticos, escritores ou homens de ciência (como o que fecha o livro, dedicado ao físico-teórico Mario Schenberg): poesia de *toast* e de celebração, que encerra, com frequência, uma defesa do "rigor" poético sempre relacionado com a atividade e a pessoa homenageadas; defesa e ilustração da poesia — uma radical *defense of poetry* — que se tornam especialmente críticas ao realismo e ao academicismo na "Ode (explícita) em defesa da poesia no dia de São Lukács".

O poema haroldiano, em *A educação dos cinco sentidos*, alterna-se às vezes entre dois polos expressivos que não são, quanto ao mais, específicos deste livro: a aglutinação verbal, "neobarroca" — levada ao limite no intrincado tecido fônico e imagístico de poemas como os dedicados ao pintor Gustav Klimt ou ao escultor Brancusi — e a mais rigorosa condensação expressiva, na qual a economia verbal (*Dichten: condensare*, no feliz achado de Basil Bunting) se torna uma eficaz e personalíssima versão do "menos é mais" definidor da posteridade mallarmeana. Tal alternância, aparentemente paradoxal, entre a aglutinação e o despojamento (tive oportunidade de ocupar-me dela em outro lugar, a propósito dessa poesia) opera, entretanto, em um território poético no qual não há contradição possível, pois ambas atuam como formas complementares do realce da materialidade e da concreção da linguagem. Ocorre aqui, de fato, uma espécie de concreção

---

[4] Nota a "austineia desvairada", neste livro, p. 118.

diamantina do *profuso*, aprendida, sem dúvida, com os grandes mestres do Barroco: uma concreção não menos intensa que a dos poemas definidos por uma "medularidade" e uma economia verbal extremas.

Por tudo isso, *A educação dos cinco sentidos* é um livro de síntese. Embora não se possa falar, a rigor, de uma atitude pós-concreta (muitos dos traços formadores do concretismo permanecem aqui invariáveis, e até intensificados), pode-se, em compensação, falar de uma fase específica dessa obra em que aparecem unificadas e harmonizadas na escritura novas conquistas formais e expressivas, alcançadas posteriormente à formação do "cânone" concreto dos anos 1950 e 1960. Uma poesia que, se responde, pelo menos em parte, à "circunstancialidade" biográfica de que falou Goethe (e se verá a importância e o papel decisivo desempenhado pela *esferaimagem* goetheana neste livro), não por isso deixa de responder igualmente, e com idêntica fidelidade, a um dos princípios reitores da modernidade radical que define essa poesia desde o início, nos anos 1940: na materialidade da palavra — *matéria mater* — reside o espírito da poesia, "o fósforo que acende dentro d'água",

esse fazer que se faz de fazer.

Tegueste, dezembro de 1989.

A EDUCAÇÃO DOS CINCO SENTIDOS

Die Bildung der fünf Sinne ist eine Arbeit der ganzen bisherigen Weltgeschichte.

(A educação dos cinco sentidos é trabalho de toda a história universal até agora.)

Karl Marx, 1844

A EDUCAÇÃO DOS CINCO SENTIDOS

1.   chatoboys (oswald)
        fervilhando
        como piolhos

        peirce (proust?) considerando
        uma cor — violeta
        ou um odor —
        repolho
        podre

        odre — considere
        esta palavra: vinhos,
        horácio, odes
        (princípio do
        poema —
        ogre)

2.   o purgatório é isso:
        entre / inter-
        considere
        o que vai da palavra stella
        à palavra styx

3.   (marx: a educação dos cinco
        sentidos

        o táctil o dançável
        o difícil
        de se ler / legível
        visibilia / invisibilia
        o ouvível / o inaudito
        a mão
        o olho
        a escuta
        o pé

o nervo
o tendão)

4. o ar
lapidado: veja
como se junta esta palavra
a esta outra

linguagem: minha
consciência (um paralelograma
de forças não uma simples
equação a uma
única
incógnita): esta
linguagem se faz de ar
e corda vocal
a mão que intrinca o fio da
treliça / o fôlego
que junta esta àquela
voz: o ponto
de torção
trabalho diáfano mas que
se faz (perfaz) com os cinco
sentidos

com a cor o odor o repolho os piolhos

5. trabalho tão raro como
girar um pião na
unha

mas que deixa seu rastro
mínimo (não prescindível)
na divisão (cisão) comum
do suor

rastro latejante / pulso
dos sentidos que se (pre)formam:
im-prescindível (se mínimo)

o cisco do sol no olho
— claritas: jato epifânico!
alguns registros modulações
papel granulado ou liso uma dobra
certa um corte
seguro um tiro
na mosca

num relâmpago o tigre atrás da corça
(sousândrade)

o salto tigrino

6.   o que acresce
resta
(nos sentidos)

ainda que mínimo
(húbris do mínimo
que resta)

ODE (EXPLÍCITA) EM DEFESA DA POESIA NO DIA DE SÃO LUKÁCS

os apparátchiki te detestam
poesia
prima pobre
(veja-se a conversa de benjamin
com brecht /
sobre lukács gabor kurella /
numa tarde de julho
em svendborg)

poesia
fêmea contraditória
te detestam
multifária
mais putifária que a mulher de
putifar
mais ofélia
que hímen de donzela
na antessala da loucura de hamlet

poesia
que desvia da norma
e não se encarna na história
divisionária rebelionária visionária
velada / revelada
fazendo strip-tease para teus próprios (duchamp)
celibatários
violência organizada contra a língua
(a míngua)
cotidiana

os apparátchiki te detestam
poesia
porque tua propriedade é a forma
(como diria marx)
e porque não distingues
o dançarino da dança
nem dás a césar o que é de césar
/ não lhe dás a mínima (catulo):
sais com um poema pornô
quando ele pede um hino

serás a hetaira esmeralda
de thomas mann
a dragonária agônica
de asas de sífilis
?
ou um fiapo de sol no olho
selenita de celan
?

ana akhmátova te viu
passeando no jardim
e te jogou nos ombros
feito um renard
de prata mortuária

walter benjamin
que esperava o messias
saindo por um minúsculo
arco da história no
próximo minuto
certamente te conheceu
anunciada por seu angelus novus
milimetricamente inscrita num grão de trigo
no museu de cluny

adorno te exigiu
negativa e dialética
hermética prospéctica emética
recalcitrante

dizem que estás à direita
mas marx (le jeune)
leitor de homero dante goethe
enamorado da gretchen do fausto
sabia que teu lugar é à esquerda
o louco lugar alienado
do coração

e até mesmo lênin
que tinha um rosto parecido com verlaine
e que no entanto (pauvre lélian)
censurou lunatchárski
por ter publicado mais de mil cópias
do poema "150.000.000" de maiakóvski
— papel demais para um poema futurista! —
mesmo lênin sabia
que o idealismo inteligente está mais perto
do materialismo
que o materialismo do materialismo
desinteligente

poesia
te detestam
materialista idealista ista
vão te negar pão e água
(para os inimigos: porrada!)
— és a inimiga
poesia

só que um dervixe ornitólogo khlébnikov
presidente do globo terrestre
morreu de fome em santalov
num travesseiro de manuscritos
encantado pelo riso
faquirizante dos teus olhos

e jákobson roman
(amor / roma)
octogenário plusquesexappealgenário
acaricia com delícia
tuas metáforas e metonímias
enquanto abres de gozo
as alas de crisoprásio de tuas paronomásias
e ele ri do embaraço austero dos savants

e agora mesmo aqui mesmo neste monte
alegre das perdizes
dois irmãos siamesmos e um oleiro
de nuvens pignatari
(que hoje se assina signatari)
te amam furiosamente
na garçonnière noigandres
há mais de trinta anos que te amam
e o resultado é esse
poesia
já o sabes
a zorra na geleia
geral
e todo o mundo querendo tricapitar
há mais de trinta anos
esses trigênios vocalistas
/ que ideia é essa de querer plantar
ideogramas no nosso quintal
(sem nenhum laranjal   oswald)?
e (mário) desmanchar
a comidinha das crianças?

poesia pois é
poesia

te detestam
lumpemproletária
voluptuária

vigária
elitista piranha do lixo

porque não tens mensagem
e teu conteúdo é tua forma
e porque és feita de palavras
e não sabes contar nenhuma estória
e por isso és poesia
como cage dizia

ou como
há pouco
augusto
o augusto:

que a flor flore

o colibri colibrisa

e a poesia poesia

TRISTIA

minicâmaras térmicas
para inativação do vírus da
tristeza
em borbulhas de
citros

COMO ELA É

acupunturas com raios cósmicos
realismo: a poesia como ela é
inscrições rupestres na ponta da língua
poesia à beira-fôlego: no último fole do pulmão
como ela é (a poesia)
fogo (é)
fogo
(a poesia)
fogo

PORTRAIT OF THE ARTIST AS AN OLD MAN

a palavra lumbago
ataca de arco e flecha

neurônios: correição de formigas pungentes

em pontas de sabre
dança a naja das vértebras

        dizer que um bodisatva
        no topo da coluna
        aspira pó de lótus

JE EST UN AUTRE: AD AUGUSTUM

irmão
neste re / verso do ego
te vejo
mais plus que mim
plusquamfuturo poetamenos
mais
e no trobar clus
desse nó de nós
a poesia
sister incestuosa
prima pura impura
em que
siamesmos
uni-
somos
outro

MINIMA MORALIA

já fiz de tudo com as palavras

agora eu quero fazer de nada

DE UM LEÃO ZEN

o olho não pode ver-se
a si mesmo

o leão de ouro não é o ouro
do leão de ouro
o ouro leonado não deixa de ser ouro
aurificar-se é o ser do leão não-leão

o olho vê-se
no avesso do olho

silêncio: olho do furacão

MENCIUS: TEOREMA DO BRANCO

o inato se chama natureza
o chamar-se natureza do inato
é o mesmo que o chamar-se branco do branco

o branco da pena branca
é igual ao branco da neve branca?
é igual ao branco do jade branco?

de quantos brancos se faz o branco?

OPÚSCULO GOETHEANO

> *... die Natur kann die*
> *Entelechie nicht entbehren...*
> (... a natureza não pode
> dispensar a enteléquia...)

manter a enteléquia
ativa
quero dizer
como o fósforo
(branco)
que acende dentro d'água
como o fogo no pórfiro
(dentro)
a pala d'oro

*

a enteléquia:
o que enracina
e desraíza
o que centra
e descentra
o que ímã
e desimanta

o que no corpo
desincorpa
e é corpo: áureo
aural
aura

*

mantê-la viva
no arco voltaico dos cinquent'anos
consona a lira dos vinte
e vibra

é o mesmo fogo no signo do leão
para a combustão desta página
virgem

o mesmo soco no plexo solar
a mesma questão (combustão)
de origem

*

a enteléquia
mantê-la
viva

*

entre larva e lêmure
viva
entre treva e tênue
viva
entre nada e nênia
viva

*

a enteléquia
esse fazer que se faz de fazer

*

talvez um pó
depois que a asa cai
e desala
(cala)

um íris   um cisco
luminoso

um último rugitar dos neurônios
farfalhados   um nu de urânio
alumbrando
sensório: pala d'oro

ou a chama que tirita
no âmago do pórfiro

*

mantê-la ativa   a enteléquia

*

rosácea de nervuras negras
vapor de ouro
por onde o azul e o roxo coam

vê-la para além   transvê-la

chuva de rosas   destenebrantes
aspirar esse aroma

viva mantê-la viva
a enteléquia

*

uma forma do transcender no descender

*

poeira radiosa
quartzo iridescente

a natureza incuba a metáfora
da forma
e tresnatura: formas
em morfose

*

ativa:
a enteléquia ativa: a
música das esferas

*

não há anjos nessa órbita querúbica
há poeira (poesia) radiante
casulos resolvidos em asas

um comover de harpa eônia
um riso onde a dissolta enteléquia
(nó desfeito no após do pó)
primavera

OPÚSCULO GOETHEANO 2

*Jede Entelechie nämlich ist
ein Stück Ewigkeit.*
(Toda enteléquia é pois um
fragmento de eternidade.)

o arco
íris
branco: uma
segunda
puberdade: goethe
o viu
na estrada para frankfurt
(antes de ver marianne)

pound (anakréon): senesco
sed amo

a rosa
petrifica no
nitrogênio líquido
e só quebra
(williams: rosa saxífraga?)
a golpes de martelo

vê-la
depois do choque
térmico depois do
degelo:
pétalas
(quase pedra)
quebradas:
seda ainda

*

dos meus cabelos
a asa (arco)
os anos (íris)
(castanhos)
embranquecerão:

o coração não

1984: ANO 1, ERA DE ORWELL

enquanto os mortais
aceleram urânio
a borboleta
por um dia imortal
elabora seu voo ciclâmen

TENZONE

um ouro de provença
(ora direis) uma doença
de sol   um sol queimado
desse vento mistral (que doura e adensa)
provedor de palavras   sol-provença
ponta de diamante   rima em ença
como quem olha   a contra-sol
e a contravento   pensa

Cogolin, Provence

PROVENÇA: MOTZ E.L. SON

contra uma luz
sem falha

o olho
se esmeralda

      o olho
      (contra uma luz
      sem falha)
      se esmigalha
            o olho de esmeralda
            à luz: migalha

            (que esmigalha)

            e concrescia a luz
            som de cigarra

KLIMT: TENTATIVA DE PINTURA
(COM MODELO AUSENTE)

1
lourovioleta: um monstro uma
figura em ouro cin
zelada das unhas à raiz (crin
a) metalizada dos cabelos pedi
curada em roxo um traço bis
(não de bistre) um risco de li
lás as pálpebras dobradas
como mariposas (como mari
posas) sim pedicurada em roxo
e as pontiagudas unhas só li
lás da mesma cor do pij
ama uma figura um monstro
sim (quimono): klimt.

2
e sob isto tudo como sob
uma panóplia (armada) um pavilhão
de pedraria (um baldaquino) dra
pejantes panos (um azul turquino)
(caravelas ao largo) bandeiras de um
(impossível) impromptu ultra
(biombo grand'aberto gonfalão panóplia)
violeta

> o corpo (a ci
> catriz li
> lás)
> o branco albino se diria
> o corpo um cor
> po de me
> nina

LE DON DU POÈME

um poema começa
por onde ele termina:
a margem de dúvida
um súbito inciso de gerânios
comanda seu destino

e no entanto ele começa
(por onde ele termina) e a cabeça
grisalha (branco topo ou cucúrbita
albina laborando signos) se
curva sob o dom luciferino —

domo de signos: e o poema começa
mansa loucura cancerígena
que exige estas linhas do branco
(por onde ele termina)

BRANCUSI

marfim
negro

uma cabeça brancusina
gazela ou
leoa-passarinho

túnica em tubo
dáctilo-prateada (
anéis em todos os
dedos)
mais os aros
das pulseiras
tintinabulantes
bailando a contranegro
(contra o negro a pele
esse marfim brunido
lustre virgem
revérbero não-tacto de
dulcíssimo
jovem pergaminho)

o olhar: uma rainha em armas

(descendo do metrô em sèvres-
-babylone)

AUSTINEIA DESVAIRADA

EX / PLANATION

there is no
plain meaning
in a
poem

when one
begins to ex-
plain it
and reaches the
end
only the ex
remains:

dead end

(no exit:
try it
again)

EX / PLICAÇÃO

não há um
sentido único
num
poema

quando alguém
começa a ex-
plicá-lo e
chega ao fim
en-
tão só fica o
ex
do ponto de
partida

beco

(tente outra
vez)

sem saída

THE FRONT DOOR

para beth e david

se você não lhe der
mais de dez mãos de verniz
sob o sol do texas
a pintura rebentará
como uma flor
ou escamas de peixe

QUOTIDIE o quotidiano
trauteia
como a estatueta
de barro de um
flautista

saiba urgir a
concisão deste instante
e você decantará uma ametista
de avessos
também chamada
poesia

§

§

por exemplo
water-bugs / baratas
legionárias
(manducáveis *apud*
clarice)
migrando de um
apartamento para outro
fumigadas depois de
praticar o seu humílimo
ato terrorista:
aparecer
larvúnculas apocalípticas
no armário da cozinha ou

(mais grave)
sobre um tampo de mesa
no clarão da sala
detectadas pelo
sol-abajur

§

§

logo deletá-las
revertê-las
esquifes náufragos
ninharias pisoteáveis
minúsculos abantesmas
assustados de si mesmos

§

§

essa
legião migratória
de dragões friáveis
deambula
diurnoturna
pelas frinchas vasculares
no madeiroso interno das
paredes
(de fora
de onde você os
vê: polidos
plácidos
painéis
de um habitável
parlatório doméstico /
mas de dentro
daqui de dentro

o coração
the horror
poento da
treva)

§
§

SQUIRRELS

para maria sylvia
amadora de esquilos

o mundo recede
quando um esquilo
no esquadro destes ramos
antena a cauda-radar e
despede olhos de azougue
vígil
equilivre
design preciso de um gnomo arborícola
cioso de sua
merenda de nozes

BIRDSONG: ALBA

e.ls letz becs dels auzels
para ad e fred

pássaros no
entredia
(na entrenoite)
silabando a
manhã
pré(alba)
clara

notas de um concerto de timbres
e silêncio   dissêmen de som
furos súbitos
suturados a fio de
prata mercurial

silêncio e som

dispássaros   pássaros   dispersos
                         onde

se traça a bico
de pena esta
canora   partitura e /
ou página?

a bico de
pássaro   registro

(e me rasuro: copista)

AISTHESIS, KHARIS: I K I

koan (glosa heideggeriana)
para benedito nunes

se heidegger tivesse olhado
para o ideograma
enquanto escutava o discípulo
japonês
(como pound olhou para *ming* 明 sollua
com o olho cubista de gaudier-brzeska
depois de dar ouvido a fenollosa)
teria visto que a cerejeira cereja *koto ba* 言葉
das ding dingt
florchameja
no espaço indecidível
da palavra
i k i

LESBOS AT WATERLOO ICE

a ninfa cu-de-anjo
dança abraçada a outra ninfa
enquanto o falo guitárreo de del santo
em vão
empina seus gargarejos rouquenhos e
o escuro se espuma de cerveja

FROZEN LOBSTER

no seu habitat
de abismuras azuis e
corais farpados a
lagosta: um
guerreiro espanhol
(pizarro) em
armadura de gala
tenazes e pontas de pua
sob um elmo de nácar
formidável

aqui agora
climatizada no super-
gelo da lata:
monstro doméstico
inseto aumentado por um
jogo de lentes
escaravelho em véu de noiva
(pó de gelo) íncola
vermelho de um planeta
marte que saltou de sua órbita
abissal e amerissou na
sala

martela-lhe o escudo rubro
à busca da polpa dócil
no estojo blindado

come-a
desprezando-lhe a cabeça

CELLO IMPROMPTU

to david: tribute to his
new cello

seria antes uma libido da madeira
por estas gamas de topázio
um furor de amarelo
apaziguado em gamas fulvas
jalne cor
de conhaque contra a luz
quando a taça se ergue
indecidindo-se entre ocre
ou um dulçor alourado de tabaco:
não sei nesta
gaiola de madeiras andróginas ancas
femíneas bronzeadas a verniz fogoso
com sua voz viril de pássaro encerrado
canta
melro de ouro
o cello

'TIS OPTOPHONE WHICH ONTOPHANES

"o olho
merece mais o nome de
luz
do que a assim
chamada
luz"
:-
al-Ghazzali o
Algazel latino
falecido em mil
cento e
onze

1111

e o olho radia
aquiagora
no papel
no quádruplo l lancinante
dessa uníssona sigla
em que al-
Gazel
sobre a pretidão do não-ser
se uniu
unilúcido
ao plural de
Allah
(velado e desvelando-se por setenta
mil velames
de trevaluz)

ANTIFETICHISM

com olhos de mel:
esse fetiche
sapato rosa é teu
um gato resmiando e
não
é
meu

MAD AUSTINEA: CARTOON

godivas em bicicleta
nu tão nu como uma escova
de dentes na gengiva
a cidade polinizada
morangos e creme de leite
mais ou menos como
fazer amor com o pato donald
for
instance

USURA CANTO

um lingote
de ouro
v
e
r
t
i
c
a
l

ou um dente
(de ouro)
na arcada — twi-
light —
violeta do
céu

(ratos roendo dinheiro —
como em dyonélio n'OS
RATOS — uma
gigantesca moenda de
moedas — that
big!
)

o novo — deve
ser — ouro! —
edifício de um
BANCO

e a paisagem centrí-
peta centrí-
fuga
se torce toda
como um
(¡tufão!)
$ifrão
subitamente vulcanizada por esse
toque de midas

BEAUTY: A THING OF

sentada no sam-
witch à hora do
almoço ergue o braço
à altura dos cabelos um
pente louro alumbra à axila
promessa do outro
pente debruçada sobre a mesa
lápis e o caderno de notas
livros nausícaa em camiseta e /
ou a vênus do tênis branco i-
mêmore no mármore do tempo
e se levanta e
sai

A OPERAÇÃO TRADUTORA 1
TRANSBLANCO

a chamada nébula caranguejo
uma constelação de reversos
na desgaláxia dos buracos negros

ou a órbita excêntrica de plutão
meditada em austin texas
num party em lavaca street

tomei a mescalina de mim mesmo
e passei esta noite em claro
traduzindo BLANCO de octavio paz

A OPERAÇÃO TRADUTORA 2
O QUE É DE CÉSAR

uma lufada de soles
peruanos desarraiga
os biófagos
grafemas

neves
defenestradas incendeiam
de frio
papel e
tinta

        ¡cai
        do amplo céu
        topázion-flor!

mobilizo o
nome grego de
sousândrade — nume
de letras sagitadas até a un-
décima: shakespeare —

        to praise
        caesar!

e aparo no
peito aberto desta
página
      vallejo — um
tiro à queima-roupa

TRANSLUMINURAS

Der wahre Uebersetzer... Er muss der
Dichter des Dichters seyn...

(O verdadeiro tradutor... Ele deve ser
o poeta do poeta...)

Novalis

HERÁCLITO REVISITADO

para francisco achcar

aión

vidatempo:
um jogo de
criança

(reinando
o Infante
Infância)

ho ánax

o oráculo
em Delfos
não fala
nem cala

    assigna

hélios

o Sol não desmesura

(ó Eríneas, servas de Dike,
justiçadoras)

hai psychaì / psychẽs esti lógos

almas farejando no Hades

alma-logos
semprexpandir-se

eoũs kaì hespéras

lindes
de aurora
e ocaso

a Ursa
e face à Ursa   o marco de Zeus coruscante

físis filocríptica

desvelos
do sem-véu
pelo velar-se

ho kállistos kósmos

varredura do acaso   belo
cosmos

caleidocosmos

lixo (luxo) do acaso
                    cosmos

pánta rheĩ

tudo riocorrente

GRÉCIA TROPIGAL

paráfone de alkaios

ó
coroada   ʹιόπλοχʹ   antílope
de violetas   ióplok

sorriso-mel   ἄγνα   alga
     ágna

sagrada   μελλιχόμειδε   melicanora
     mellikhómeide

Safo   Σάπφοι   gal
     Sápphoi

LITAIPOEMA: TRANSA CHIM

entre flores 花間 : uma jarra de vinho

solitário　　　　　bebendo sem convivas

erguer a copa à lua lunescente　明月

lua e sombra　　　:　　　somos três agora

　　　　　(mas a lua é sóbria
　　　　　e em vão
　　　　　a sombra me arremeda)

um instante　　　　sombra e lua:　　　celebremos

a alegria　　　　　volátil primavera!

　　　　canto　　e a lua 月　　se evola

　　　　danço　　e a sombra　　影 se alvoroça

despertos　　　o prazer nos unia

ébrios　　　　separamos os caminhos

nós de água　永結　　nunca mais reatáveis?

já nos veremos pela Via Láctea　雲漢　　* * *

FIORITURA ANEDOTADA

a quem
(toda a corte o sabia)
a quem
(isabel para villamediana
querendo saber o que sabia)
ele
ama

a resposta:
um espelho
(presente barroco)

nele: o rosto de isabel
(e mais todos os rostos)

BALADETA À MODA TOSCANA

(para arrabil e voz,
e para ser musicada por
Péricles Cavalcanti)

Porque eu não espero retornar jamais
à Lira Paulistana,
diz àquela Diana
caçadora, que eu amo
e que me esquiva,
que dê o que eu reclamo:
de pouco ela se priva
e me repara o dano
de tanto desamor.

Porque eu não espero retornar jamais
à Londres suburbana,
diz àquela cigana
predadora, que eu gamo
e que me envisga,
que uma vez faça amo
(e se finja cativa)
deste seu servidor.

Mas diz-lhe que me esgana
passar tanta tortura,
e que desde a Toscana
até o Caetano
jamais beleza pura
tratou com tal secura
um pobre trovador.

Vai canção, vai com gana
à Diana cigana,
e diz que não se engana
quem semana a semana,

sem fé nem esperança,
faz poupança de amor.
Chega dessa esquivança:
que a dor também se cansa
e a flor, quando se fana,
não tem segunda flor.

Quem sabe uma figura
uma paulist'humana
figura de Diana
me surja de repente;
e mostre tanto afeto
que o meu pobre intelecto
saia a voar sem teto
sem ter onde se pôr.
Ânimo, alma, em frente:
diante de tanta Diana
o corpo é o pensador.

TRANSIDERAÇÃO
UNGARETTI CONVERSA COM LEOPARDI

Um leão: ruivando arde —
na voz do leão — Leopardi
(céu noturno em Recanati)
virando constelação:
Odi, Melisso... E o leão
resgata a um fausto de estrelas
caídas, a lua jamais cadente
e a Ursa, magas centelhas.
Depois, o leão (a Leopardi
tendo dado o que lhe cabe)
passa a medir o infinito
ou desmedi-lo: do longe
daquela estrela (tão longe)
ao longe daquela estrela.

3 BIOGRAFEMAS

IN MEMORIAM

O HOMEM E SUA HORA
(IN MEMORIAM: MÁRIO FAUSTINO)

é o demônio de maxwell
deus termodinâmico?

é o diabo na garrafa
lançada no oceano?

é a bruxa solta no vento
ganhando no olho mecânico?

é o acaso todo de branco
na curva do meridiano?

é o anjo com seu archote?
é o demo com seu fagote?
é o homem com sua sorte?

é a morte com seu serrote
é a morte — serra de lima
é a morte — e serra de cima

NOSFERATU: NÓS / TORQUATO

putresco

putresco

putresco

torquato: teus últimos dias de paupéria me

vermicegos enrolam a substância da treva
vampiros cefalâmpados
(disse)

mas agora put
resco
put
(horresco
referens)
resco
sco
sc
o

PARAFERNÁLIA PARA HÉLIO OITICICA

1
retículas
redes desredes
reticulares ares áreas
tramas retramas redes
áreas
reticulares
reticulária
colares de quadrículos
contas cubículos
áreas ares
tramas retramas
desarticulária
de áreas reais
o rosto implode
camaleocaleidoscópico

2
o amarelo
os elos do amarelo
o vermelho
os espelhos do vermelho
o verde
os revérberos do verde
o azul
os nus do azul
os martelos do amarelo
as veredas do vermelho
os enredos do verde
os zulus nus do azul
os brancos elefantes do branco

3
hélios, o sol, não desmesura

4
(cineteatro nô / psicocenografado por sousândrade
                        com roteiro ideogrâmico de eisenstein):

    onde se lê *hagoromo*, leia-se *parangolé*
    onde se vê *monte fuji*, veja-se *morro da mangueira*

        o parangoromo
                pluriplumas
        se héliexcelsa
        hélinfante
        celucinário
        até
        decéuver-se
        no céu do
        céu

5
hélio sobe no zepelim das cores
movido a parangol'hélium
e se dissolve no sol do céu

6 METAPINTURAS E 1 METARRETRATO

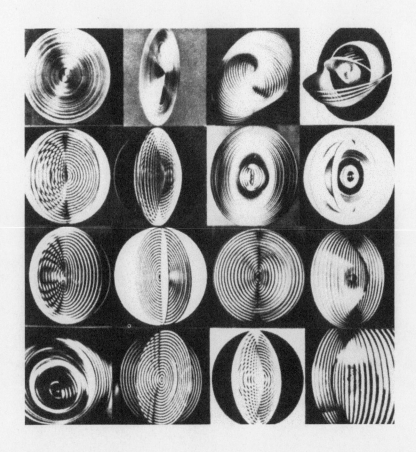

Mary Vieira
16 interpretações do *polivolume: disco plástico*
alumínio anodizado em cor natural. exemplar 1/3
37 x 37 x 0,4 cm
basileia 1953-1960
(O exemplar 2/3 pertence ao Museu de Arte Contemporânea da Universidade de São Paulo - MAC-USP)

POLIPOEMA PARA MARY VIEIRA

sobre o polivolume disco plástico/
alumínio anodizado em cor natural
(basileia 1953-60)

este primeiro disco
à esquerda
que se raia de branco
e se faz pupila de gato
num aço de pássaros mesmerizados;
esta sua primeira projeção
em lâmina grafite
para quem olha daqui
mamilo
para quem olha de lá
funil;
este seu desdobrar-se agora em voo
desvoo
concoidal
alumínio gestado do alumínio
ou multiolho mágico parpadeando
lucilantes reolhos;
então os discos em reixas
em gelosias de reiteradas retículas
os núcleos que são clitóris de metal sensibilizado
e erétil
as armiladas esferas perdidas num discurso de anéis
de novo as ranhuras que repuxam
e se recurvam
madeixas de si mesmas
os centros onde o alvo
decala decola
para que o útero da forma persiga uma ocarina de brilhos;

mas agora à direita no canto
abaixo e acima
este olho enjaulado
que te fita
e te deixa
súbito
circulado de infinito

CONSTELÁRIO PARA ANTONIO DIAS

monumentos   desertos reticulados   momentos

monumentos

poeira cósmica em céu de espelho

monumentos

universo univermelho

monumentos

ideogramas geogramas biogramas

fome pluriesfaimada
poço estelar
cimento branco

momentos

e monumentos
monumentos
monumentos

NOMEAÇÃO DO AZUL-VOLPI

um
rouxinegro
canta
no azul-
-volpi

uma
asa
violeta
a escanteio
triangula
no
branco

volpinveste
um vermelho
de vermelhos
e iça a
bandeira
branca

roságua o
rosa
e abre
para este
canto
onde
o rouxinegro
azula
ogivando-se
e
:

quadrosquadros
zulminâncias
volpilúminos

CLÁUDIO TOZZI: COR PIGMENTO LUZ

.

a cor
pensar a cor
a cor da cor
se transparenta
e é luz

pensar a luz
a luz da luz
se fragmenta
e é cor

a palavra cor
na cor
a palavra luz
na luz

. .

o pó
a poeira
o pigmento

luz em pó
cor em pó

cor-luz
luz-cor

o íris no íris

o desarcoíris

no cinza
no quase
no
branco

. .
.

jaula negra
onde a cor
se enquadra

onde a cor

quase-cor
no corpo a cor
da cor

se exquadra

.
. .
.

janela e
jaula

o quadro negro
quadriluz

janela-jaula

.
. . .
.

canta
a cor enjaulada

a cor
na janela da
cor

seu respiro
é pó
de luz

pigmento

e se ouve

pulmão
de luz

polem
cantante

.
. . .
.
.
a
cor
geômetra
de si mesma
ciosa de sua
luz

funil
fusível
sol

que enfeixa
e desenfeixa

que abre em janela
e fecha em jaula

que canta

.

.

. . .

.

.

o olho
sabe

seu tacto
translumina

O BANAL FANTÁSTICO:
REGINA SILVEIRA

lepidóculos

revoos de tesouras voláteis

excafés

não-xícaras

martelos celibatários
enlanguescendo de foices ausentes

grampeadores grampidoloridos

pentes pterodáctilos

ressacarrolhas

suicidados revólveres

nunhas

o banal fantástico
nas anamorfas de
regina silveira

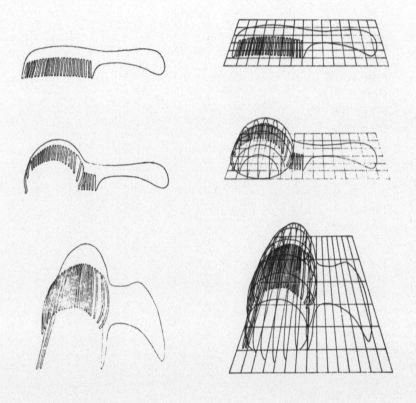

Anamorfas - Regina Silveira

ANATOMIA DO GOL

jogar um
jogo
é como
jogar o jogo
da pintura ou
do poema

jogar o jogo
do poema
(ou da pintura)
é como
jogar qualquer
jogo

as mãos jogam
cartas ou
basquete
na
mesa ou na
quadra
os pés jogam
bola
no
campo ou na
praia

mas quem joga
mesmo é o
cérebro
suas bossas e

cerebelo
seus lobos:
um jogo de luz
sem peso
que faz passar por
um triz
por um cabelo
ou acertar
em cheio:
mão de baralho
plena
ou pé no tiro
certeiro

antonio
lizárraga joga
um jogo de
cartas marcadas
um jogo onde tudo joga
e tudo se faz jogada

um futebol de papel
com peças de diamante
triângulos
setas
arestas
acuando o círculo
migrante

retranca aberta
dábliu-eme
pelo meio
ferrolho suíço
casados contra solteiros
ponta recuado
overlapping
pelas pontas
triangulagem

carrossel holandês
quadrado mágico

chegados neste quadrado
a gente para e medita:
se o círculo ficou acuado
se pensa como o estagirita
ou se ainda foge →
evasivo →
perseguido por sagitas →

o que se vê é o centro:
um triângulo △ uma tríade
(como charles sanders peirce
gostava de ver com a mente)
toda de branco o habita

é o uno posto no trino?
é o primeiro
concluso no seu
terceiro?
são as de pitágoras
últimas categorias
primevas?

não sei   não sabemos
por mais
que a gente dê tratos
à bola
ninguém atinge essa
meta (sol)

onde se exaure a pintura
e o poema:
sede secreta
(gol)

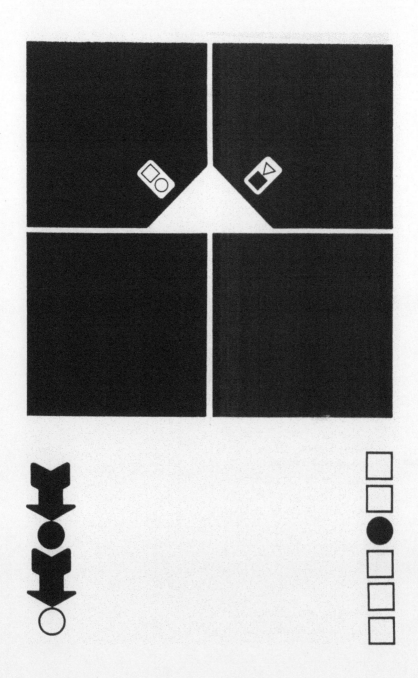

Quadrado mágico - Antonio Lizárraga

HIERÓGLIFO PARA MARIO SCHENBERG

o olhar transfinito de mario
nos ensina
a ponderar melhor a indecifrada
equação cósmica

cinzazul
semicerrando verdes
esse olhar
nos incita a tomar o sereno
pulso das coisas
a auscultar
o ritmo micro-
macrológico da matéria
a aceitar
o *spavento della materia* (ungaretti)
onde kant viu a cintilante lei das estrelas
projetar-se no céu interno da ética

na estante de mario
física e poesia coexistem
como as asas de um pássaro —
espaço curvo —
colhidas pela têmpera absoluta de volpi

seu marxismo zen
é dialético
e dialógico

e deixa ver que a sabedoria
pode ser tocável como uma planta

que cresce das raízes e deita folhas
e viça
e logo se resolve numa flor de lótus
de onde
        — só visível quando nos damos conta —
um bodisatva nos dirige seu olhar transfinito

NOTAS

a educação dos cinco sentidos

C.S. Peirce: "Posso imaginar uma consciência cuja vida, acordada, sonolenta ou sonhando, consistiria tão somente numa cor violeta ou no odor de repolho podre". ("Qualities of Feeling", 1894.)

ode (explícita) em defesa da poesia no dia de são lukács

Este poema, todo feito de citações, tem como ponto de partida o seguinte excerto das conversações de W. Benjamin com B. Brecht em Svendborg, 25 de julho de 1938 (cf. W. Benjamin. *Essais sur Brecht*. Paris: Maspero, 1969): "À tarde, Brecht me encontrou no jardim, no ato de ler *O Capital*. Brecht: 'Penso que é muito bom que leia Marx, sobretudo agora que isto ocorre cada vez menos, em especial entre os nossos'. Respondi que de preferência me ocupo dos livros muito discutidos quando passam da moda. Começamos a falar da política russa em matéria de literatura. 'Com essa gente — eu lhe disse, referindo- -me a Lukács, Gabor, Kurella — é impossível formar um Estado.' Brecht: 'Ou melhor, pode-se formar *somente* um Estado, jamais uma comunidade. São de fato inimigos da produção. A produção não lhes diz coisa alguma. Não se pode confiar na produção. É por definição imprevisível. Não se sabe jamais o que vai sair dela. E eles próprios não querem produzir. Querem fazer o papel de *apparátchiki* (NB: membros do aparelho burocrático do partido) e ser incumbidos do controle dos outros. Cada uma de suas críticas contém uma ameaça'.".

je est un autre: ad augustum

Poema publicado em *Código 5* (Salvador, Bahia), número especial dedicado aos 50 anos de Augusto de Campos.

mencius: teorema do branco

Mencius (372-289 a.C.). O mais importante filósofo e moralista chinês depois de Confúcio. Cf. I.A. Richards. *Mencius on the Mind*. Londres: Kegan Paul, 1932.

opúsculo goetheano

Goethe a Eckermann em 4 de fevereiro de 1829: "A convicção de nosso perdurar nasce para mim do conceito de factividade; pois, se eu, até o fim, mantiver-me infatigavelmente em ação, a natureza será deste modo obrigada a atribuir-me uma outra forma de existência, quando a atual não possa mais conter meu espírito". A Eckermann, em 1º de setembro de 1929: "Não tenho dúvidas sobre nosso perdurar, pois a natureza não pode dispensar a enteléquia (...)". Cf. Goethe. *Faust*.Munique: Goldmann Klassiker, W. Goldmann Verlag, 1978.

opúsculo goetheano 2

Marianne Jung é a Zuleica do *Divã ocidental-oriental*. O velho Goethe, viajando para Frankfurt, onde conheceria a jovem Marianne, presenciou um singular fenômeno meteorológico — um "arco-íris branco" — e interpretou-o como sinal de uma segunda puberdade afetiva. *Senesco sed amo*: "Envelheço mas amo": provavelmente Anacreonte (Anakréon), o lírico grego do 6º séc. a.C., citado por E. Pound em versão latina (*Cantos* LXXX e LXXXIII). *Rosa saxífraga:* alusão ao verso de W. Carlos Williams: "Saxifrage is my flower that splits/ the rocks..." ("Saxífraga é minha flor que fende/ as rochas..."). Sousândrade (da "Harpa XLV"): "... e as brisas tépidas/ Que os meus cabelos pretos perfumavam,/ Dos meus cabelos velhos a asa trêmula/ Embranquecerão...".

1984: ano 1, era de orwell

Este poema nasceu de uma solicitação da *Folha de S.Paulo* e foi publicado no primeiro clichê, da primeira página, da edição de domingo, 1º de janeiro de 1984, com um arranjo visual de Wesley Duke Lee.

austineia desvairada

Reuni nesta seção poemas / anotações escritos durante minha estada na Universidade do Texas em Austin, no semestre de primavera (Spring Term) de 1981. O caderno contém, na ordem casual da respectiva composição, peças líricas, irônico-satíricas e até mesmo reflexivo-metalinguísticas. Neste último caso, o poema dedicado à comparação das atitudes polares de Fenollosa / Pound e Heidegger em relação à linguagem oriental; o que toma como ponto de partida a "filosofia da luz" de al-Ghazzali; os que tematizam a "operação tradutora" que pratiquei ao recriar *Blanco* de Octavio Paz e poemas de *Trilce* de César Vallejo. Entendo, com Mallarmé, que "os assuntos da imaginação pura e complexa ou intelecto" não devem ser excluídos da poesia, "única fonte".

aisthesis, kharis: i k i

No ensaio de Heidegger "Aus einem Gespräch von der Sprache (Zwischen einem Japaner und einem Fragenden)" / "A partir de uma conversação sobre a linguagem (entre um japonês e um interrogante)", *Unterwegs zur Sprache*. Tübingen: Neske Verlag, 1979, tudo gira em torno do entendimento da indeterminável (indecidível) palavra *iki*, conceito fundamental para a compreensão do pensamento do ex-discípulo do filósofo, o conde Shuzo Kuki, especialista em estética da arte e da poesia nipônicas. O interrogante (Heidegger) evoca a elucidação que ouvira do próprio discípulo, prematuramente falecido: "Ele falava do esplendor sensível, através de cujo vívido fascínio o além-sensível transplendia". O visitante japonês, seu interlocutor, hesita em dar-lhe uma tradução da palavra, mas insinua: "*Iki* é a graça agraciante" (*das Anmutende*). Procura extrair o vocábulo do domínio da estética, distinguindo-o da *aisthesis:* "do atraente, das impressões" (*des Reizenden, der Eindrücke*). Propõe então: "*Iki* é o soprar da paz-silêncio do fascínio iluminante", preferindo aproximar a palavra japonesa do grego *Kharis*, que Heidegger verte por *Huld* (graça, no sentido também de "favorecer", "agraciar", "inclinar-se para"). Respondendo ao seu interrogante, o japonês refere que "fala", "linguagem" (*Sprache*), em seu idioma se diz *Koto ba: ba* significando as folhas e ao mesmo tempo as pétalas ("pense nas flores da cerejeira e nas da ameixeira"); *koto*, por seu turno, teria a ver com *iki*: com o sopro-vento, o soprar da paz-silêncio, com o fascinar e o seu apelo invocante. "*Koto ba*: pétalas de flor que irrompem de *koto*"; ou ainda: "pétalas crescendo do anúncio clarificante da graça (do agraciar) que põe a manifesto (pro-ducente)". ("Na antiga poesia japonesa" — lembra o interlocutor — "um poeta desconhecido celebra o mútuo entreperfumar-se das flores da cerejeira e da ameixeira sobre um mesmo ramo.")

A escuta heideggeriana, no diálogo com o interlocutor japonês, é uma escuta da "voz do Ser": "fonocêntrica", portanto (Derrida). Ocorre que o ideograma envolve, ademais, uma ontofania grafemática. Solicita não apenas a escuta, mas o escrutínio: o perscrutar. Daí a releitura (re-visão) que este poema--ensaio propõe do texto heideggeriano, segundo uma óptica (uma "gramatologia"?) pound-fenollosiana: olhando para o ideograma, como sabia fazer o pintor / escultor Gaudier-Brzeska.

KOTO BA compõe-se de dois ideógrafos: no primeiro, *koto*, palavras (representadas por traços que se superpõem) saem (são exaladas) como um sopro da boca (*kuchi*, representada graficamente por um quadrículo); *ha* (*ba*): flores e folhas sobre árvore (pictogramas abreviados, superpostos). O nosso Sousândrade sabia das coisas quando inventou o verbo-montagem "florchameja". Heidegger: "A coisa coiseia". Fenollosa: na poesia ideográfica "os harmônicos vibram nos olhos". A florpalavra florchameja: *iki* ("no relance do instante do advir da graça iluminante").

al-Ghazzali, Algazel (1059-1111): na teoria neoplatônica da luz desse filósofo árabe, influente no pensamento medieval europeu de onde emergem Guido Cavalcanti e Dante, "Allah tem Setenta Mil Véus de Luz e Treva; se Ele os retirasse, o esplendor do Seu Aspecto certamente consumiria quem quer que O apreendesse com o olhar". (Cf. Vincent Cantarino. "Theory of Light in al--Ghazzali's MISHKĀT AL-ANWĀR", 1969.) Extraí o título do *Finnegans Wake* de Joyce: "é o optofone que ontofana".

a operação tradutora 2. o que é de césar

Para louvar César Vallejo, invoco o auxílio do poeta "maldito" de nosso Romantismo, Joaquim de Sousa Andrade, Sousândrade, patriarca da poesia latino-americana de vanguarda, que celebrou, no *Guesa errante,* o céu "incásio-heleno" de Lima. Sousândrade aglutinou os nomes de família para obter uma sonoridade grega (homenagem a Homero) e o mesmo número de letras do nome de Shakespeare. Como o peruano Vallejo, o maranhense era um subversor da sintaxe e do léxico. "Cai do amplo céu/ topázion--flor!" é uma citação extraída da *Harpa de ouro* (1889-1899) sousandradina. "To praise Caesar!": paráfrase da conhecida passagem do *Julius Caesar* (Ato III, Cena 2) de Shakespeare. A referência aos "soles peruanos" remete ao poema XLVII de *Trilce* ("Tengo ahora 70 soles peruanos...").

transluminuras

Reúno sob este título um conjunto de textos "reimaginados" (ainda mais do que transcriados) em português:

heráclito revisitado

Esta série foi publicada no n. 1, 1974, da revista *TRANS/FORM/AÇÃO,* da FFLCH de Assis, estado de São Paulo. Propôs-se resgatar a linguagem heraclitiana de sob a pátina convencional das versões prosaicas, usando, para tanto, técnicas da poesia de vanguarda (inclusive espacialização). Quando de sua primeira publicação, redigi a seguinte nota: "Para esta tradução em abismo — palimpsesto filológico — foram utilizados livremente os seguintes subsídios bibliográficos: Bruno Snell (org.). *Die Fragmente des Heraklit* (texto grego e tradução para o alemão). Tübingen: E. Heimeran Verlag, 1944; Damião Berge. *O logos heraclítico* (texto grego e tradução para o português). Rio de Janeiro: INL/MEC, 1969; *Os Pré-Socráticos*. Seleção de textos e supervisão de José Cavalcante de Souza (que traduziu e anotou os fragmentos da seção dedicada a Heráclito de Éfeso). São Paulo: Abril Cultural ("Os Pensadores"), 1973.

Caberia ajuntar que "físis filocríptica" (título que, em si mesmo, já é uma virtual tradução do fragmento 123: *phýsis krýptesthai phileî*) encerra um tributo à técnica de traduzir "macarrônica" do helenista maranhense Odorico Mendes, chamado por Sousândrade "o pai rococó". O texto do mesmo fragmento (e sua segunda tradução) segue a leitura heideggeriana proposta em "Aletheia" (M. Heidegger. *Vorträge und Aufsätze*. Tübingen: Neske Verlag, 1967; em português no vol. cit. de "Os Pensadores", tradução de Ernildo Stein). Acrescentei dois novos textos: "caleidocosmos" (variante da minha anterior tradução do fragmento 124, agora sob a forma de glosa ao poema LIXO/LUXO de Augusto de Campos) e *"pánta rhe"*, mera adaptação do "riverrun" joyceano já abrasileirado por Augusto (A. e H. de Campos. *Panaroma do Finnegans Wake*. São Paulo: Perspectiva, 1971).

grécia tropical

O célebre louvor de Alkaios (Alceu), *circa* 620-580 a.C., à sua contemporânea Safo costuma ser precedido do título "Décima Musa", atribuído à lírica de Mitilene por textos recolhidos na *Antologia palatina* (entre os quais um de Platão). Recriei-o em duas versões: uma semântico-aliterante, outra parafônica (atenta, sobretudo, à trilha sonora do texto grego); esta última, em homenagem à melicanora Gal, musa do tropicalismo (*Código* 2, Salvador, Bahia, 1975). [Foram mantidos os caracteres gregos manuscritos por Haroldo de Campos.]

litaipoema: transa chim

Li Po (ou Li T'ai Po), 701-762 de nossa era, considerado, ao lado de Tu Fu, como maior poeta chinês. Usei técnicas de poesia espacial na transcriação deste poema, inclusive interpontuando-o em momentos-chave com ideogramas do original (ou seja, revertendo para a tradução de poesia chinesa um dispositivo semafórico frequentemente usado por Ezra Pound nos *Cantares*). Para o texto ideográfico, tradução literal e comentários, vali-me de François Cheng. *L'écriture poétique chinoise*. Paris: Seuil, 1977. A tradução literária oferecida por Cheng é estilisticamente convencional. Assim também a de Arthur Waley, "Drinking alone by moonlight", *Translations from the Chinese*. Nova York: Vintage Books, 1968. Uma apresentação em serigrafia deste trabalho, caracteres prateados sobre fundo azul, foi executada por Paulo Miranda (revista *Zero à Esquerda*, São Paulo, Nomuque Edições, 1981).

fioritura anedotada

Trata-se aqui simplesmente da "tradução" em poema de uma anedota barroca, atribuída a Don Juan de Tassis y Peralta, conde de Villamediana (1582-1622), discípulo de Góngora e seu "mais fascinante e labiríntico amigo" (Lezama Lima). Enamorado da rainha de Espanha, o conde foi assassinado em Madri, em circunstâncias misteriosas.

baladeta à moda toscana

Inspirei-me na célebre balada do "exílio" de Guido Cavalcanti (*circa* 1250-1300), o amigo mais velho e mestre de Dante. É o poema que começa: "Perch'i' no spero di tornar giammai, ballatetta, in Toscana" ("Porque eu não espero retornar jamais, Baladeta, à Toscana"). Traduzi o texto original em complemento a meu estudo "O doce estilo novo / 'Bossa-nova' na Itália do *duecento*" ("Folhetim", *Folha de S.Paulo*, n. 339, 17 jul. 1983). Eliot reavivou modernamente estes versos iniciais parafraseando-os no soberbo começo de "Ash-Wednesday": "Because I do not hope to turn again".

transideração

A conversação imaginária entre Ungaretti e seu admirado Leopardi é entremeada de citações de ambos os poetas. Ver "Ungaretti e a estética do fragmento" e "Leopardi, teórico da vanguarda" em meu livro *A arte no horizonte do provável*. São Paulo: Perspectiva, 1969; também, "Ungaretti: o efeito de fratura abissal", "Folhetim", *Folha de S.Paulo*, n. 377, 8 abr. 1984.

3 biografemas in memoriam

o homem e sua hora poderia trazer como indicação: "*mottetto* em modo cabralino", uma vez que foi composto "à maneira de" João Cabral de Melo Neto; "nosferatu: nós / torquato" foi incluído em *Os últimos dias de Paupéria*, reedição em homenagem a Torquato Neto organizada por Ana Maria S. de Araújo Duarte e Waly Salomão. São Paulo: Max Limonad, 1982; *parafernália para hélio oiticica:* texto para o filme *H.O.* de Ivan Cardoso, dedicado à trajetória artística do criador dos "parangolés".

6 metapinturas e 1 metarretrato

Com exceção do "polipoema para mary vieira", publicado no "Suplemento Literário" de *O Estado de S. Paulo*, 15 jul. 1967, os demais são textos escritos para figurar em catálogos de exposições.*hieróglifo para mario schenberg*: escrito especialmente para o livro-homenagem aos 70 anos de Mario Schenberg, *Entre-Vistas*, organizado por José Luiz Goldfarb e Guita K. Guinsburg. São Paulo: Perspectiva/Instituto de Física da USP, 1984. O poema *anatomia do gol*, dedicado a Antonio Lizárraga, integra o álbum de desenhos do artista organizado por Marcelo Tápia para a Editora Massao Ohno, publicado em setembro de 1985.

ANEXOS

NOTA SOBRE O CD QUE INTEGRA ESTE LIVRO

Sempre que uma oportunidade para isto surgia, Haroldo de Campos costumava realizar gravações de leituras de poemas seus, acompanhadas pela leitura (preferencialmente pelo tradutor) de traduções desses poemas em outras línguas, bem como gravações de poemas em outras línguas (se possível, pelos autores), acompanhadas de suas próprias traduções dos mesmos em português. Essas gravações, realizadas em gravador monaural, ele depois utilizava como material ilustrativo, nas disciplinas referentes a tradução que ele ministrava periodicamente. Dada a fragilidade das fitas cassete em que foram gravadas, várias dessas gravações realizadas por Haroldo de Campos não sobreviveram até o presente. As leituras contidas no CD aqui encartado foram realizadas nesse contexto, em Austin (Texas, EUA), em 20 de janeiro de 1981, na residência do professor, tradutor e poeta Christopher Middleton e registram um diálogo poético entre ambos.

Ivan de Campos

1. "Cabaret de la Canne"
(original inglês), lido por Christopher Middleton. (p. 131)

2. "Cabaré de la Canne"
(tradução ao português), lido por Haroldo de Campos. (p. 134)

3. "Herbstgefühl" (original alemão), seguido por
"Autum Feeling" (tradução ao inglês)
ambos lidos por Christopher Middleton. (p. 137, 138)

4. "Logopeia *via* Goethe *via* Christopher Middleton"
(tradução ao português) de "Herbstgefühl" lido por
Haroldo de Campos. (p. 139)

Remasterização: Livio Tragtenberg

"LOGOPEIA VIA GOETHE VIA CHRISTOPHER MIDDLETON": UMA GRAVAÇÃO PERDIDA DE HAROLDO DE CAMPOS, EM AUSTIN, TRADUZINDO POEMAS DE CHRISTOPHER MIDDLETON E GOETHE

K. David Jackson

Em 1981, Haroldo de Campos veio para a cidade de Austin, com a esposa Carmen Arruda e o filho Ivan, para ficar um semestre dando aulas na Universidade do Texas, o que abriu um dos períodos mais criativos em sua obra. Já estivera em Austin uma década antes, em 1970, e manteve laços de amizade com o departamento que acolhera alguns dos escritores mais célebres do continente sul-americano: Jorge Luis Borges (1961), Cecília Meireles (1946) e Clarice Lispector (1963). Sendo eu professor em Austin, consegui convite para ele como "Edward Laroque Tinker Visiting Professor" e, durante aquele semestre, de janeiro a maio, Haroldo foi extremamente ativo: escreveu os poemas de "Austineia desvairada", organizou um simpósio sobre composição poética chamado "Scribblevaganza", que contava com o poeta holandês Hans Ten Berg e outros. Conheceu Christopher Middleton, conceituado professor de língua e literatura alemãs na Universidade do Texas e editor de vários volumes da poesia de Goethe em tradução, com quem Haroldo realizou uma oficina de tradução poética; e ainda se encontrou com Emir Rodríguez Monegal, que veio da Universidade de Yale, onde Haroldo fora professor visitante em 1978, para uma visita. Foi durante esse semestre que Haroldo traduziu o poema de Octavio Paz, *Blanco*: "tomei a mescalina de mim mesmo/ e passei a noite em claro/ traduzindo BLANCO de octavio paz", dizia. Animado com os seminários sobre literatura brasileira, para Haroldo o semestre texano acabou sendo um dos pontos altos das visitas aos Estados Unidos, para não falar das camisas de caubói, do paletó com botões estrela do Texas, da fivela de tatu, que juntos criaram a imagem texana de Haroldo de Campos. Passamos um semestre agradável e criativo juntos, numa feliz e produtiva companhia. Convidado para uma palestra na Casa das Rosas em São Paulo em 2008, onde está depositada a biblioteca de Haroldo, consegui resgatar da gaveta, depois de mais de 20 anos, uma gravação esquecida de leituras de poesia dessa época, de Haroldo e Christopher.

A colaboração de Haroldo com Christopher Middleton produziu três traduções importantes: a tradução para o português do poema de Christopher, "Cabaré de la Canne"; a tradução para o português de um poema de Goethe, "Herbstgefühl" (1775), a partir de uma tradução prévia para o inglês por Middleton; e a tradução por Middleton de um fragmento de *Galáxias,* com a ajuda do professor brasileiro Norman Potter. Norman traduziu o significado e Christopher deu os toques poéticos, conferindo com o autor. Assim foi bem-sucedida essa tradução, uma tripla colaboração. Nesses primeiros meses de 1981, Haroldo manteve um ritmo de invenção poética intenso e variado, na alegria do que chamava de "transcriação".

DOIS POEMAS E DUAS TRADUÇÕES

Os dois poemas, "Cabaré de la Canne" e "Herbstgefühl", têm em comum o motivo da morte, mais forte no primeiro do que no segundo. O "Cabaré" tem a ver com a figura de Gérard de Nerval, poeta francês que se suicidou em janeiro de 1855, uma figura sempre muito estranha, criado por um tio, que vivia sempre em seu próprio mundo. Inventou o nome de Gérard de Nerval por achar que era descendente de um general romano. Disseram que andava pelas ruas de Paris perdido em seu próprio mundo; assim os amigos não o interrompiam, para não perturbar essa espécie de sonho, vagando pelas ruas. O poema tem a ver também com o mesmo tipo de mundo interior. O narrador está num cabaré, mas pensando na morte, num lugar carnavalesco, ao contrário do motivo do poema. O poeta está em sua mesa e, na mesa ao lado, há um homem a quem o narrador se dirige, com a palavra "sir", depois uma terceira mesa com uma figura identificada apenas com a frase "the fine man of darkness", em outras palavras, a morte. Há então três figuras nas mesas do cabaré, um doido perdido em suas divagações sombrias, o homem a quem se dirige e, na terceira mesa, a morte. O interlocutor — que lembra o narrador do conto de Guimarães Rosa, "Meu tio, o iauaretê" — repara na morte na terceira mesa, com o detalhe de que o estrangeiro não está identificado. Todos estão tomando a bebida romântica por excelência, o absinto. O estrangeiro está com um gato no colo. Dessas três figuras, duas quase reais e a morte, não há nenhuma que tenha uma apreensão verdadeira da realidade. Apenas o gato que está no colo do segundo homem. Todos estão perdidos em seu próprio universo, só que o gato está mais em contato com a realidade do que as pessoas, só o gato está em contato com a realidade. O narrador começa a lembrar-se da juventude, da área de Valois, das canções folclóricas, das meninas que cantavam, e justapõe imagens da morte a certas visões utópicas do passado. Contrastando com os instrumentos musicais e as danças, são os vermes que vão, no estilo de Brás Cubas, comer o cadáver dele. Chega a pergunta máxima, sobre a injustiça de tudo isso, questionando por que tem de haver morte ou vermes. Eis o drama do poema, a necessidade da morte, a presença desses vermes, ao lado da vida que o gato conhece. Na sala da casa Valois, havia pinturas de Fragonnard, do rococó francês, cenas altamente decorativas, com bosques e cenas de amor delicadas, moças nuas, rios correndo, uma visão utópica da juventude e da natureza, que ele imagina ser o cabaré com base na cena de Fragonnard. A casa abandonada de seu passado, derrubada, contrasta com a casa que guarda em sua imaginação. Na última parte do poema, sobre a folhagem — ponto em comum com o poema de Goethe — pintada no período clássico e tocando o céu, símbolo do oculto, das doze emoções da viagem, memórias, sonho, mas agora são até deusas egípcias ou clássicas que estão ajudando. Para terminar, se dirige novamente ao estrangeiro. Então virá uma resposta na condição de loucura, mas quando o vizinho ia se levantar, o interlocutor diz "deixa o gato em paz", o que é uma maneira de dizer que, pensando no suicídio, era enfim inevitável esse desfecho, um realismo total. Não era para se perturbar com os sonhos utópicos e aceita de qualquer maneira o desfecho fatal.

Soluções sintéticas

Um dos alvos de HC na tradução criativa era encontrar paralelos criativos em português para os elementos linguísticos do original. No caso do poema de Christopher, observamos momentos em que respeita rigorosamente o original e outros em que altera o original para uma linguagem mais sintética. Já no começo, reparem no final da primeira parte, o problema da palavra "little" em inglês. A solução que encontrou era colocar "exíguo" entre parênteses. É uma solução que cabe perfeitamente bem, que não está no original, mas expressa perfeitamente o sentido do original.

Inverte: "Glittering still, the flake of snow I flicked/ From the collar of my coat when I came in" para "um floco de neve — brilho tranquilo — que eu/ recém-entrado, sacudi da gola do casaco". Captura muito bem o ritmo e o som, sobretudo a aliteração "Flake / flicked" e sintetiza a frase "When I came in" para "recém-entrado", o que resolve o problema da volubilidade da expressão em inglês. Para "his own slowly turning universe" usa "giro lento", unidade separada do substantivo "universo", diferente do original, porém mais sintético.

Certas colocações são muito felizes, como a tradução da frase "Important smells". É irônico em inglês, porque não dizemos normalmente que um cheiro é "importante", a não ser que se trate de comerciantes de perfumes. "Odores relevantes" captura muito bem a ironia da expressão, e o caráter incomum da frase, enquanto para "wrinkle and flex" pega muito bem a expressão "repregam e flexionam" pelo paralelismo de sons. Para "mysterious names, numbers, and messages", a solução "nomes, enigmas, números, mensagens" recria a aliteração e a sequência, porém substitui o adjetivo por outro elemento aliterativo, intensificando a transferência das mesmas vogais e consoantes para o português.

Há outras passagens em que Haroldo toma uma certa liberdade, não apenas com as palavras, mas com o significado também. Por exemplo, "There are places where people turn yellow,/ Having nothing to eat", "Há lugares de gente amarela,/ sem nada para comer". As pessoas aqui são amarelas, exigindo mais imaginação do leitor, porque em inglês as pessoas tornam-se amarelas, mas em português já são dessa cor. Reparamos na solução de "Broken roofs. Through holes the snow sifts" para "Telhados rotos. Neve que vaza", outro exemplo de síntese e compressão do significado mais eficaz em português. Haroldo prefere duas imagens nítidas e separadas. Mais uma vez é o leitor que junta e completa o pensamento, como na frase "A Valois song" que é traduzida como "Valois: um canto".

O tom é mais imperativo na tradução, visto na expressão "nos lábios de uma criança,/ por um mínimo vintém" para "From a little girl's lips/ For a penny".

Cria duas perguntas em português para "What is imortal/ If not the injustice", dividido em dois versos. Com "Imortal? O que é senão a injustiça?", põe uma justaposição onde havia em inglês uma quebra de verso, conseguindo um efeito retórico maior e mais forte. Acaba sendo mais fiel pela transcriação do que se tivesse seguido mais literalmente o original. Na solução para "I drink it for the dream that spills into life", obtém uma concisão maior e intensifica a imagem com "sorvo-a: deságua sonho na vida".

Para a frase "We put it there, suspending it/ Outside any space that iron balls/ Can shatter", Haroldo acrescenta a palavra "maciças", para maior ênfase: "Ubicaremos ali, suspenso/ além de qualquer espaço que bolas de ferro,/ maciças, possam rebentar", ênfase em português ao "quebrar".

Se observarmos "The last vine still grew/ A veiny green, very ancient", a frase está cheia da consoante "v" e da vogal "e". A solução "cresce a última vinha,/ um verde vasculado, vetusto,/ a última vinha" consegue mais "v" do que o original. O verso "The emperor was Julian and Paris Egypt" torna-se ainda mais sintético com a substituição de "and" pelo ponto e vírgula: "era Juliano o imperador; Paris, Egito".

No caso de "To eye the stones was to feel a flow", Haroldo substantiva o verbo, "O olho na pedra sente uma febre/ femínea, fluente". A palavra curiosa em inglês, "indispose", aplicada ao gato, não é coloquial. É usada para pessoas grã-finas ou pretensiosas etc. Haroldo consegue transferir o contexto com o verbo "perturbar": "Não é o caso de perturbar o gato".

Finalmente, reparamos em certas soluções transcriativas, que ilustram o gênio de certas colocações, características do trabalho de Haroldo. Na solução "os dedos de um espírito entintam, em nossa íntima pele" para "The fingers of a spirit ink into our skins", o emprego do verbo "entintam" não apenas reforça a aliteração, mas mantém o uso verbal inesperado de "ink" em inglês. Para "two rescued Fragonnards", cria a solução "resgata dois súbitos Fragonnards", em que o novo adjetivo, "súbitos", realça a sensação de encontro.

"Herbstgefühl": poema de Goethe

O poema, de 1755, foi traduzido para o inglês por Christopher Middleton. Haroldo inventa o título "logopeia" e a tradução é eventualmente publicada em *O arco-íris branco*, mas sem a versão de Christopher, que lhe serviu de modelo. O tema do poema é a mudança das estações, do verão para o outono, aproximação da decadência e da morte, na folhagem. O sol brilhante de um dia do fim do verão, mas a lua aparece, um ambiente mágico, cai o orvalho, tudo vira lágrimas e tristeza, com a vinda do outono e a aproximação da morte. O estado de fecundidade, na fruta e folhagem da natureza, cede espaço para a mudança e eventualmente para a morte.

Haroldo acrescenta o título "logopeia" e parece ser a única vez que usa a expressão "tradução brasileira". Por que essa expressão, quando normalmente "transcriação" serve para distinguir seu método? Será que achava que as soluções em português eram mais maleáveis ou flexíveis, com mais liberdade, ou com mais fôlego, que mereciam a expressão "tradução brasileira"? Inventou mais um termo para aplicar a seu trabalho transcriativo, "tradutor brasileiro". Em certos pontos, Haroldo alterou o original, a começar pelos dezesseis versos do original, extensivamente à junção "plenibrilha". Observem que a única exclamação no original, "Ach!", não mantida na tradução para o inglês, torna-se na versão "brasileira" um trocadilho e um dos pontos mais criativos do procedimento de Haroldo: "E desses olhos onde amor — ah! —" (entendido oralmente como "onde amor há"). Com "túmidas lágrimas", Haroldo resolve voltar ao original, omitindo a palavra "brimming" acrescentada pelo tradutor para o inglês.

Apesar de não inédito, esse poema ficou esquecido por muito tempo, e sem acesso à tradução que serviu de modelo. Depois de ficar na gaveta por vinte anos, chegou à luz esta gravação tão importante para nos ajudar a entender o gosto pela tradução e o método criativo empregado por Haroldo de Campos.

CABARET DE LA CANNE, JANUARY 1855

Sir, I do not know your name,
Nor do you know mine. So we sit.
Briefly, at neighbouring tables, you
With your bottle, the cat on your knee,
I with my little glass.

In our sunken ship
The third table has been taken
By the fine man of darkness, whom
We do not see. Look, on the furrowed surface
Glittering still, the flake of snow I flicked
From the collar of my coat when I came in.

Each sits watching
The face of his own slowly turning
Universe. Particularly the cat
Has known how the heat
Comes and goes. Important smells
Wrinkle and flex into signatures, you know,
Writ small in snowflakes and the skeletons
Of leaves. Shuddering.
The fingers of a spirit ink into our skins
Mysterious names, numbers, and messages.

Ancient gutters
Accommodate the cat, providing
Fish, spare ribs, a scrap of lamplight;
Spilt milk to lap up, now and then.

There are places where people turn yellow,
Having nothing to eat. Cloacas, attics.
Broken roofs. Through holes the snow sifts.
A Valois song can be issuing, in another street,
From a little girl's lips
For a penny.

Mandolins, a lantern swaying, make it
Difficult to want less than a tree to dance with.
Do we suffer

Most because the bunched worms will hang
In the emptiness you are looking at, this
Dome of mine, bald, this bony cabin?
                              What is immortal
If not the injustice?

There was a room I lived in once,
I remember how the early light in it
Fell across two rescued Fragonnards.
There was a girl, nearly naked she was,
Tigers ran before her on a leash
And a little donkey woke us, braying,
Or a barge trumpet's echo off the river.

Like a swift in his globe of crisp mud
I hung between sleep and waking
And heard the straw speak in my thin
Mattress. Look, here it is, another face
Of that same
Towering light, again
In this bit of a rainbow, at its peril
Afloat in eau-de-vie:
I drink it for the dream that spills
Into life.

They tore it down, it was an old house.
They did not tear down
The other room, which, if you follow me,
We put there, suspending it
Outside any space that iron balls
Can shatter.

In that room the last vine still grew,
A veiny green, very ancient.
The last vine, first planted when
The emperor was Julian and Paris Egypt.
From that vine,
Yes from it you might see
A light as from the original stars unfolded
And flew as it pleased, to vary
As it touched the featured walls through

Twelve emotions. With snaky lines
It marbled the stones and old chairs
We had broken by leaning back to laugh.
To eye the stones was to feel a flow
Of female warmths and hear the goddess, —
Moan and shriek of the sistron in her fingers.

What can you be thinking?
No, do not indispose the cat.

Christopher Middleton

Nota: "Monólogo para Gérard de Nerval na véspera de seu suicídio. Alfred Delvan descreveu semelhante encontro com ele!".

Christopher Middleton. *The Word Pavilion and Selected Poems*. Manchester: Carcanet, 2001, pp. 223-226.

CABARÉ DE LA CANNE, JANEIRO 1855

Senhor, não sei seu nome, nem
o senhor sabe o meu. Assim nos
sentamos, rápidos, mesas vizinhas, você
com sua garrafa, o gato nos joelhos,
eu com meu copo
(exíguo).

Nesse nosso navio náufrago
a mesa três foi tomada
pelo sutil homem da treva, que
não enxergamos. Veja, no tampo rugoso,
um floco de neve — brilho tranquilo — que eu,
recém-entrado, sacudi da gola do casaco.

Cada qual assentado contempla
a face do seu próprio — giro lento —
universo. O gato em
particular sabe quando o fogo
aquenta ou some. Odores relevantes
repregam ou flexionam — você sabe —
assinaturas, miúda inscrição
em flocos de neve ou esqueletos
de folhas. Estremecendo
os dedos de um espírito entintam, em nossa
íntima pele, nomes, enigmas, números,
mensagens.

Esgotos ancestrais
acomodam o gato, providenciam
peixe, costelas poupadas, uma lasca de luz;
leite entornado, lambidas, de quando em
quando.

Há lugares de gente amarela,
sem nada para comer. Cloacas, águas-
-furtadas. Telhados rotos. Neve que vaza.

Valois: um canto pode estar surgindo,
numa outra rua, nos lábios de uma criança,
por um mínimo vintém.

Mandolinas, balanço de lanterna, difícil
desejar menos que uma árvore
para esta dança. Será que sofremos,
mais do que tudo, pelo cacho de vermes, que
há de restar, pênsil,
nesse oco, para onde você olha, agora, esta
minha cúspide calva, domo, cabina de ossos?

Imortal? O que é senão a injustiça?

Houve um quarto onde outrora eu vivi;
lembro-me como a primeira luz, que incide
nele, resgata dois súbitos Fragonnards.
Havia uma jovem, quase nua,
precedida por um salto de tigres,
e um burrico nos acordou, zurrando,
ou uma buzina de barca, rio acima, o eco.

Andorinha em seu globo de barro crespo,
oscilei entre sono e vigília,
e ouvi a fala da palha em minha cama
rasa. Olhe, eis aí, uma outra face
da mesma luz em torre, outra
vez nesta nesga de íris, perigosamente
à tona da eau-de-vie;
sorvo-a: deságua sonho na vida.

Derrubaram-na, era uma casa velha.
Não derrubaram o outro quarto,
o qual, se você me seguir,
ubicaremos ali, suspenso,
além de qualquer espaço que bolas de ferro,
maciças, possam rebentar.

Nesse quarto cresce a última vinha,
um verde vasculado, vetusto,
a última vinha, plantada quando

137

era Juliano o Imperador; Paris, Egito.
Dessa vinha,
sim, dela você veria
uma luz como de estrelas primeiras
despontar, irradiar-se, vária, cambiando
ao tocar o desenho das paredes, doze
diferentes emoções. Traço serpentino
marmorando pedras e velhas cadeiras
quebradas quando rindo
nos estirávamos para trás.
O olho na pedra sente uma febre
femínea, fluente, e ouve a deusa: o grito
lastimoso do sistro entre seus dedos.

Você, no que estará pensando agora?
Não, não é o caso de perturbar o gato.

Transcriação de Haroldo de Campos

HERBSTGEFÜHL

Fetter grüne, du Laub,
Am Rebengeländer
Hier mein Fenster herauf!
Gedrängter quellet,
Zwillingsbeeren, und reifet
Schneller und glänzend voller!
Euch brütet der Mutter Sonne
Scheideblick, euch umsäuselt
Des holden Himmels
Fruchtende Fülle.
Euch kühlet des Mondes
Freundlicher Zauberhauch,
Und euch betauen, ach!
Aus diesen Augen
Der ewig belebenden Liebe
Vollschwellende Tränen.

Goethe

AUTUMN FEELING

More fatly greening climb
The trellis, you, vine leaf
Up to my window!
Gush, denser, berries
Twin, and ripen
Shining fuller, faster!
Last gaze of sun
Broods you, maternal:
Of tender sky the fruiting
Fullness wafts around you:
Cooled you are, by the moon
Magic, a friendly breath,
And from these eyes,
Of ever quickening Love, ah,
Upon you falls a dew, the tumid
Brimming tears.

Tradução de Christopher Middleton

Johann Wolfgand von Goethe: selected poems. (ed.: Christopher Middleton). Boston: Suhrkamp/Insel Publishers, 1983, pp. 42-43.

LOGOPEIA VIA GOETHE
VIA CHRISTOPHER MIDDLETON

Gordura verde, tu
folhagem de treliça, aqui,
subindo da videira ao meu
balcão!

Tufa, amadura, mais
denso ainda colar
de bagas geminadas, pleni-
brilha!

Te incuba o sol — mãe
sol — olho extremoso, circum-
zumbe a teu redor o pleno
pulso frutal do
amável céu.

Te esfria a lua — sopro
cordial, magia.

E desses olhos onde Amor — ah! —
semprevive sempre-
demora, e mais, cai sobre ti agora
o orvalho: túmidas
lágrimas.

Tradução brasileira de Haroldo de Campos
Austin,1981

Haroldo de Campos. *O arco-íris branco*. Rio de Janeiro: Imago,
1997, p. 26.

MEU AMIGO HAROLDO

João Ubaldo Ribeiro

Uma das convivências de que mais sinto falta, como amigo e como contemporâneo, é a do grande artista brasileiro Haroldo de Campos. Não o chamo aqui de poeta, porque acho que o termo pode não abranger o esteta integral, quase absoluto, que sempre vi em Haroldo. A poesia, fosse a sua própria ou a que nos vinha pelas suas admiráveis transcriações, era certamente o seu veículo favorito, mas ele buscava um olhar novo a cada passo, enxergava virtualidades onde antes não víamos nada, tinha um prazer quase infantil nos jogos de palavras, símbolos e pensamentos em que vivia se metendo, construindo mundinhos e epifanias enquanto batia papo com os amigos, parecia estar fazendo tudo com os olhos buliçosos de quem se aventura pela primeira vez. E também se extasiava com a beleza em tudo, da música à culinária.

Como poucos outros contemporâneos nossos, Haroldo de Campos deixou lugar vago. Alguns intelectuais e artistas são assim: ao partirem, vamos dar-nos conta de como seria bom ainda contar com sua maneira de perceber, olhar e agir, dos comentários que faziam sobre nosso tempo, mesmo quando não faziam comentário algum, mas simplesmente praticavam sua arte, sempre questionadora, sempre sensível e, sobretudo, sempre cônscia do valor da herança artística da Humanidade, sobre o qual não se pode inovar sem ser, por assim dizer, congenitamente vinculado a ela. Ele tinha curiosidade sobre tudo, queria saber de tudo e, com isso, abria e mostrava caminhos. Sua mera presença, por si só, era parte importante do patrimônio cultural brasileiro. Era bom tê-lo aí, era titular de sua posição, referência indiscutível.

Como amigo, até hoje sinto saudade e lamento que nossa convivência cara à cara tenha sido tão escassa. Conhecemo-nos na Alemanha, já não lembro mais há quanto tempo, e ficamos logo amigos. Lembro particularmente de uma tarde em Colônia, quando passamos a tarde numa confeitaria, provando todo tipo de gulodice, e depois batemos perna pelos arredores da catedral, recitando (posso estar citando errado, mas não quis conferir, para não estragar a cena que se desenrola na memória) um poema de Yeats sobre o mau cheiro da cidade de então, que a teria levado a inventar a água de Colônia. *"Two and seventy stenches I felt, all well defined,"* queixava-se o poeta e nós achávamos engraçadíssimo, *"and several stinks."*

Mas foi em Bielefeld, cidade universitária da Vestfália, onde estávamos na condição feliz de saltimbancos das letras, fazendo nosso número para as mais diversas plateias alemãs, que apareceu uma figura destinada a marcar definitivamente nossa amizade e que depois se correspondeu bastante com Haroldo: o Coronel J.P. Bloodsdworth, *Royal Marines, ret.* O coronel é um inglês mal humoradíssimo, que detesta todo mundo, menos alguns ingleses e alemães, e a cada dez palavras dispara dois insultos racistas e diversos outros, de todos os tipos de preconceito. Nesse dia, nunca soubemos por quê, ele surgiu à mesa, depois que tínhamos subornado a mocinha do hotel para que deixasse o bar aberto mais um tempinho, e já chegou falando mal de Churchill, que ele abomina. O personagem é nosso, mas é em mim que ele encarna. Lembro de algumas das cartas do coronel para Haroldo, em que ele se queixava amargamente da mestiçagem e dos costumes modernos. Uma vez, quando eu morava em Itaparica, Haroldo, na companhia de Paulo Leminksi, telefonou procurando o coronel, que de início não quis atender, porque temia que o Leminski fosse *"the worst possible nightmare — an active poet from Central Europe, let him rant on against Napoleon!"*. Mas Haroldo o convenceu, eles sempre se deram bem. Além disso, Leminski caprichou no sotaque britânico e, depois de longo papo, terminaram a noite amicíssimos. A única divergência séria entre Haroldo e o coronel que nunca se solucionou foram as fortes objeções que este fazia ao O final do nome de Haroldo, que ele considerava uma "impertinência ibérica inaceitável e tão sebenta quanto Felipe II, no nome de um rei que tão valentemente defendeu a Inglaterra contra Guilherme, o Normando — *which is why they still call him a bastard."*

E mais teria para contar, mas fico somente no dia em que Haroldo apareceu para me visitar, em Itaparica. Óculos escuros, chapéu de palha, riso escancarado, entrou num quarto, saiu de bermuda, partimos para a gandaia. Foi um dia cheiíssimo. Fomos a meu escritório na biblioteca, onde mexemos no meu moderníssimo computador de 148 KB de memória. Debaixo da mangueira lá de casa, recitamos Yeats outra vez, em nome de velhos tempos germânicos, discutimos Castro Alves, não chegamos a um acordo, mudamos de assunto e ele, que na ocasião estava traduzindo o Eclesiastes, leu uns pedaços da tradução hebraica de um livro meu. Depois disso, que não tomou muito tempo, marchamos para o Largo da Quitanda, aproveitar que era um dia claro e ensolarado e vinha uma bela brisa pelas copas das árvores. Debatemos e consumimos acarajé, moqueca, cachaça, cerveja, abará, lambreta, frutas de todas as estações, cocadas e tudo o que apareceu. No fim da tarde, já conhecido e lembrado como Haroldão, deixou a ilha com o ar muito feliz, e é a imagem que guardo dele até hoje, o Haroldão da ilha, que parecia haver nascido lá, tão à vontade. Lembro que, pelo meio das conversas da praça, comentamos que estávamos dizendo uma besteira atrás da outra, mas quem de longe visse aquelas duas figuras conversando talvez ficasse imaginando altos papos literários e citações eruditas. "É natural", disse Haroldão. "Eles são amadores."

Jacques Darras, Haroldo de Campos, Jacques Roubaud,
(Simpósio Pound, Cogolin, 1985)

SOBRE O AUTOR

Nasci em São Paulo, em 19 de agosto de 1929 (leonino), parece que na avenida Angélica. Moro, desde que me conheço por gente, no bairro das Perdizes, há mais de 20 anos na rua Monte Alegre, perto do Augusto e do Décio — NOIGANDRES (a Montialegre, o Montparnasse dos "trigênios vocalistas" da poesia concreta dos anos 1950 e 1960). Graduei-me em direito, em 1952, no largo de São Francisco. Advogado como todo mundo, neste país do Bacharel de Cananeia e de inumeráveis bacharéis-professores-doutores. Ou ainda como o causídico e magistrado Gregório de Matos, como Oswald de Andrade (que nunca exerceu a profissão) ou como Franz Kafka (que sempre a exerceu, em Praga, no crepúsculo austro-húngaro de Kakânia, militando entre 1908-1917 junto a uma companhia de seguros sediada em Trieste — *Der Prozess...*). O que contou para mim — além desta Paulucineia Tresvariado-poluída que é a cidade que mais amo no mundo, Sampa — foram as viagens. Epifanias e antiepifanias. Desde 1959, a primeira, quando me mandei para a Europa, na 2ª classe do navio português *Vera Cruz*, com a Carmen, companheira de toda a vida. Pegamos um abril friorento em Lisboa, viajamos de trem-correio da Andaluzia para Madri, vimos Hemingway e o matador Antonio Ordoñez na Feria de San Isidro, passamos da Espanha à França via Irun, *Puente Internacional* (na Terra Basca acolheu-nos o escultor Jorge Oteiza, prêmio da Bienal de 1957). Depois, Alemanha (contatos com Max Bense e seu grupo em Stuttgart, e com Stockhausen no estúdio de Música Eletrônica da Rádio de Colônia, visita à Escola Superior da Forma, em Ulm), Suíça (encontro com Gomringer em Zurique e Frauenfeld), Áustria, Itália. Fizemos o roteiro dos *Cantos* de Pound, começando por Merano, Tirolo di Merano, *Castel Fontana,* onde fomos recebidos pela filha de E.P., Mary de Rachewiltz. Finalmente, E.P. em *persona* e em pessoa (ainda falando: "I punti luminosi"), em Rapallo, Via Mameli 23, interno 4, uma terça-feira ensolarada de agosto, às 4hs. (*ore 16*). Voltamos ao Brasil de Gênova, no *Provence*, com uma parada providencial em Marselha para abraçar o João Cabral, nosso cônsul ali, à época. Então Recife, Salvador, Rio, Santos. Redescoberta do Brasil via mundo. O híbrido e o ecumênico. O barroquismo multidevorante. Nada de nacionalismo ontológico, centrado, quintaleiro, egopatriocêntrico. Mais brasileiro do que a pinga "Tatuzinho", mas de raízes aéreas, diásporo-disse-minantes. Sangue de um remoto bisavô irlandês, Theobald Butler Browne, que se transferiu de mala e copo de Galway (terra onde nasceria Nora Barnacle, Mrs. James Joyce) para Salvador, Bahia, de Quincas Berro d'Água e de Todos os Santos; misturado nesse "Bloody Mary" à base de aguardente do Recôncavo, um veio almeidaprado, paulista-quatrocentão, e mais espaços e campos portugueses (talvez sefaraditas — ah! a paixão impunida pela escritura, pelos grafemas, pela ideocaligrafia de extremos-e--médios-Orientes! Ah! a também impune glossofilia, a paixão pelo estudo algaraviante de línguas — Babel e Pentecostes!), com, de permeio, quem sabe, os costumeiros condimentos índio-afros bem bandeirantes, desta Capitania onde se falava guarani em casa ainda no século XVIII e onde o português era um latim que as crianças aprendiam na escola (ver o pai do Chico, *Raízes do Brasil*). Muitas viagens, muitos amigos: alguns deles, dos maiores, dos mais generosos, já mortos, vivos na saudade (Roman Jakobson, o poeta da linguística; Julio Cortázar, o ilimitado cronópio; Murilo Mendes, o nosso futuríssimo mineiro-romano da Via del Consolato, 6). Em 1972, com uma bolsa Guggenheim, defendi tese de doutorado na FFLCH da USP, Letras, Teoria

Literária e Literatura Comparada: *Morfologia do Macunaíma*, uma leitura oswaldiano-antropofágica de Mário, que, como só depois veio a furo, parece ter incomodado — não fica bem claro o porquê — certos congregados puristas do culto mariano, unidos em piedoso e exclusivista lausperene em torno do falecido pai do Imperador das Icamiabas; mas a defesa foi um sarro, com a presença de Caetano e Dedé e seu bando, uma festa, defesa direta, aprovação com distinção e louvor (ou *cum laude*, como se diz no latim de Academus), sem falar nas duas dissertações subsidiárias (exigidas no rito da época): o "Coup de Dés" de Mallarmé, na disciplina de Literatura Francesa, e o poema "Eis--me levado em dorso elefantino", de Khlébnikov, analisado por Ivanov, na de Literatura Russa. Desde o começo dos anos 1970, professor de Teoria Literária, hoje Semiótica da Literatura, na Pós-Graduação da PUC-SP, o que me valeu e tem valido uma experiência rica de novos amigos e coisas novas, pois ensinar é o mesmo que aprender. Todo um ror de livros na bagagem — malamágica de vagamundo (ver lista anexa) — e muito minério ainda, se-deus-quiser, a extrair da mina. Estudar mais algumas línguas (no momento, o hebraico bíblico; manter a enteléquia ativa: *curiositas*), tendo como parceiro de projetos meu filho, Ivan Pérsio, um convívio de mais de 20 anos, polêmico-dialógico, muito amor & humor no meio, quimismos líricos como diria o futurista Ardengo Soffici. No último Encontro Internacional de Poesia, em Cogolin, Provença, julho deste ano de 1985, declarei diante de um auditório de poetas, críticos e jornalistas especializados, todos empenhados em bolar as possibilidades de articulação de algum tipo de federação polilíngue de Festivais de Poesia (*Cogolin/Milanopoesia/Polyphonix*): "Poetariado de todo o mundo, uni-vos!" contra a bomba, o macarto-estalinismo; a neo-usura tecnocrática do **FMI** (*Geryon attende!*), a burrice.

Haroldo de Campos, *in absentia* (Cogolin, 1984)

BIBLIOGRAFIA DE HAROLDO DE CAMPOS

1. Textos criativos

Auto do possesso: poemas. São Paulo: Cadernos do Clube de Poesia, Novíssimos, n. 3, 1950.

Servidão de passagem (poema-livro). São Paulo: Noigandres, 1962.

Tradução para o japonês: catálogo *Sogetsu Art Center Journal*, 20 jun. 1964.

Tradução para o italiano: *Baldus*, ano VI, n. 5, Treviso, 1996.

Xadrez de estrelas: percurso textual 1949-1974. São Paulo: Perspectiva, 1976. (Coleção Signos); 2. ed., 2008.

Signantia: quasi coelum / Signância: quase céu. São Paulo: Perspectiva, 1979. (Coleção Signos)

Galáxias. São Paulo: Ex Libris, 1984; 2. ed. (inclui o CD *Isto não é um livro de viagem*), São Paulo: Editora 34, 2004; 3. ed., 2011.

Tradução parcial para o alemão: *Versuchsbuch – Galaxien* (trad.: Vilem Flusser & Anatol Rosenfeld; ed.: Max Bense & Elisabeth Walther), *Rot*, n. 25, Stuttgart, mar. 1966.

Tradução para o francês: *Galaxies* (trad.: Inês Oseki-Dépré). La Souterraine: La Main Courante, 1998. (Prêmio Roger Caillois, *ex-aequo* com Juan José Saer, Paris: Maison de l'Amérique Latine.)

Tradução para o espanhol: *Galaxias* (trad.: Reynaldo Jiménez). Montevidéu: La Flauta Mágica, 2010; Cidade do México: FCE, 2012.

A educação dos cinco sentidos. São Paulo: Brasiliense, 1985.

Tradução para o espanhol: *La educación de los cinco sentidos* (trad.: Andrés Sánchez Robayna). Barcelona: Àmbit Serveis, 1990.

Tradução parcial para o francês: *L'éducation des cinq sens* (trad.: Luiz Carlos Rezende). Paris: Plein Chant, 1989.

Finismundo: a última viagem. Ouro Preto: Tipografia do Fundo de Ouro Preto, 1990.

Tradução para o espanhol: *Finismundo: el último viaje* (trad.: Andrés Sánchez Robayna). Málaga: Montes, 1992. (Coleção Newman/Poesia)

Tradução para o francês em: *Une anthologie immédiate* (trad.: Inês Oseki-Dépré; org.: Henri Deluy). Paris: Fourbis/Biennale Internationale des Poètes en Val-de-Marne, 1996; *Traduction & poésie* (org. e trad.: Inês Oseki-Dépré). Paris: Maisonneuve & Larose, 2004.

Yugen: cuaderno japonés (trad.: Andrés Sánches Robayna). Tenerife: Syntaxis, 1993.

Yugen: cahier japonais (trad.: Inês Oseki-Dépré). La Souterraine: La Main Courante, 2000.

Gatimanhas e felinuras (com Guilherme Mansur). Ouro Preto: Tipografia do Fundo de Ouro Preto, 1994.

Crisantempo: no espaço curvo nasce um (inclui CD). São Paulo: Perspectiva, 1998; 2. ed., 2004.

Tradução para o espanhol: *Crisantiempo* (trad.: Andrés Sánchez Robayna). Barcelona: El Acantilado, 2006.

A máquina do mundo repensada. São Paulo: Ateliê, 2000.

Entremilênios (org.: Carmen de P. Arruda Campos). São Paulo: Perspectiva, 2009; 1. reimpr., 2010.

2. Textos críticos e teóricos

Re visão de Sousândrade: textos críticos, antologia, glossário, biobibliografia (com Augusto de Campos). São Paulo: Invenção, 1964; 2. ed. ampl., Rio de Janeiro: Nova Fronteira, 1982; 3. ed. ampl., São Paulo: Perspectiva, 2002. (Coleção Signos)

Teoria da poesia concreta: textos críticos e manifestos 1950-1960 (com Augusto de Campos & Décio Pignatari). São Paulo: Invenção, 1965; 2. ed., São Paulo: Duas Cidades, 1975; 3. ed., São Paulo: Brasiliense, 1987; 4. ed., São Paulo: Ateliê, 2006.

Sousândrade: poesia (org. com Augusto de Campos). Rio de Janeiro: Agir, 1966. (Coleção Nossos Clássicos); 3. ed. rev. e ampl., 1995.

Oswald de Andrade: trechos escolhidos (org.). Rio de Janeiro: Agir, 1967. (Coleção Nossos Clássicos)

Metalinguagem: ensaios de teoria e crítica literária. Petrópolis: Vozes, 1967; 2. ed., 1970; 3. ed., São Paulo: Cultrix, 1976; 4. ed. rev. e ampl., *Metalinguagem e outras metas*. São Paulo: Perspectiva, 1992. (Coleção Debates); 2. reimpr., 2006; 3. reimpr., 2010.

A arte no horizonte do provável e outros ensaios. São Paulo: Perspectiva, 1969. (Coleção Debates); 2. ed., 1972; 3. ed., 1975; 4. ed., 1977; 5. ed., 2010.

Guimarães Rosa em três dimensões (com Pedro Xisto & Augusto de Campos). São Paulo: Conselho Estadual da Cultura/Comissão de Literatura, 1970 (texto de Haroldo de Campos: "A linguagem do Iauaretê").

Obras completas de Oswald de Andrade (intr. crítica aos volumes 2 e 7). Rio de Janeiro: Civilização Brasileira, 1971 e 1972; (intr. crítica aos volumes *Pau Brasil, Memórias sentimentais de João Miramar, Serafim Ponte Grande* e *O Perfeito Cozinheiro das Almas deste Mundo*. São Paulo: Globo, anos 1990, anos 2000 e 2011.

Morfologia do Macunaíma. São Paulo: Perspectiva, 1973. (Coleção Estudos); 2. ed., 2008.

Ideograma: lógica, poesia, linguagem (org. e ensaio introdutório: "Ideograma, anagrama, diagrama"). São Paulo: Cultrix, 1977; 2. ed., 1986; 3. ed., São Paulo: Edusp, 1994; 4. ed., 2000.

A operação do texto. São Paulo: Perspectiva, 1976. (Coleção Debates)

Ruptura dos gêneros na literatura latino-americana. São Paulo: Perspectiva, 1977. (Coleção Elos)

Deus e o Diabo no Fausto de Goethe. São Paulo: Perspectiva, 1981; 4. reimpr., 2008.

O sequestro do barroco na formação da literatura brasileira: o caso Gregório de Matos. Salvador: Fundação Casa de Jorge Amado, 1989; 2. ed., São Paulo: Iluminuras, 2011.

O livro de Jó (intr. crítica e fixação do texto da trad. de 1852 de Elói Ottoni). São Paulo: Giordano/Loyola, 1993.

Sobre Finismundo: a última viagem. Rio de Janeiro: 7 Letras, 1996.

Três (re)inscrições para Severo Sarduy. São Paulo: Memorial da América Latina, 1995; 2. ed., 1999.

Os sertões dos Campos: duas vezes Euclides (com Augusto de Campos). Rio de Janeiro: 7 Letras, 1997.

O arco-íris branco: ensaios de literatura e cultura. Rio de Janeiro: Imago, 1997.

Tradução para o espanhol: *Del arco iris blanco* (trad. e pról.: Amalia Sato). Buenos Aires: Adriana Hidalgo, 2006.

De la razón antropofágica y otros ensayos (sel., trad. e pról.: Rodolfo Mata). Cidade do México: Siglo Veintiuno, 2000.

Ulisses: a travessia textual (edição comemorativa do Bloomsday, com coordenação de Haroldo de Campos, Munira Mutran & Marcelo Tápia). São Paulo: Olavobrás/ABEI, 2001.

Junijornadas do Senhor Dom Flor (edição comemorativa do Bloomsday, com coordenação de Haroldo de Campos, Munira Mutran & Marcelo Tápia). São Paulo: Olavobrás/ABEI, 2002.

Depoimentos de Oficina. São Paulo: Unimarco, 2003.

Brasil transamericano (trad. e pról.: Amalia Sato). Buenos Aires: El Cuenco de Plata, 2004.

O segundo arco-íris branco (org.: Carmen de P. Arruda Campos & Thelma M. Nóbrega). São Paulo: Iluminuras, 2010.

3. Transcriações

Cantares de Ezra Pound (com Augusto de Campos e Décio Pignatari). Rio de Janeiro: MEC/Serviço de Documentação, 1960. (Coleção dirigida por Simeão Leal)

Panaroma do Finnegans Wake de James Joyce (com Augusto de Campos). São Paulo: Conselho Estadual da Cultura, 1962; 2. ed., São Paulo: Perspectiva, 1971; 3. ed., 1986; 4. ed. rev. e ampl., 2001.

Maiakóvski: poemas (com Augusto de Campos & Boris Schnaiderman). Rio de Janeiro: Tempo Brasileiro, 1967; 2. ed., São Paulo: Perspectiva, 1982; 5. ed., 1992; 4. reimpr., 2008.

Poesia russa moderna (com Augusto de Campos & Boris Schnaiderman). Rio de Janeiro: Civilização Brasileira, 1968; 2. ed., São Paulo: Brasiliense; 1985; 6. ed. rev. e ampl., São Paulo: Perspectiva, 2001; 2. reimpr., 2009.

Ezra Pound: antologia poética. Lisboa: Ulisseia, 1968; 2. ed., *Ezra Pound: poesia* (com Augusto de Campos, Décio Pignatari, José Lino Grünewald & Mário Faustino). São Paulo/Brasília: Hucitec/UnB, 1985; 3. ed., 1993.

Traduzir e trovar (com Augusto de Campos). São Paulo: Papyrus, 1968.

Mallarmé (com Augusto de Campos & Décio Pignatari). São Paulo: Perspectiva, 1974 (Coleção Signos); 2. ed., 1980; 3. ed. ampl., 2002.

Dante: seis cantos do Paraíso (edição limitada de 100 exemplares, ilustrada com 10 litografias de João Câmara Filho). Recife: Gastão de Holanda Editor, 1976; 2. ed., Rio de Janeiro: Fontana/Istituto Italiano di Cultura, 1978.

Transblanco: em torno a Blanco de Octavio Paz (com Octavio Paz). Rio de Janeiro: Guanabara, 1986; 2. ed. ampl., São Paulo: Siciliano, 1994.

Qohélet / O-que-sabe (Eclesiastes) (com a colaboração de Jacó Guinsburg). São Paulo: Perspectiva, 1990; 2. ed., 1991.

Bere'shith: a cena da origem (e outros estudos de poética bíblica). São Paulo: Perspectiva, 1993; 2. ed., 2000.

Hagoromo de Zeami: o charme sutil (teatro clássico japonês; com a colaboração de Darcy Yasuco Kusano & Elsa Taeko Doi). São Paulo: Estação Liberdade, 1993; 2. ed., 2006.

Mênis: a ira de Aquiles (Canto I da *Ilíada* de Homero; ensaio de Trajano Vieira). São Paulo: Nova Alexandria, 1994.

Escrito sobre jade (22 poemas clássicos chineses). Ouro Preto: Tipografia do Fundo de Ouro Preto, 1996; *Escrito sobre jade: poesia clássica chinesa reimaginada por Haroldo de Campos* (org.: Trajano Vieira). 2. ed. rev. e ampl., São Paulo: Ateliê, 2009.

Pedra e luz na poesia de Dante. Rio de Janeiro: Imago, 1998.

Os nomes e os navios (Canto II da *Ilíada* de Homero; org., intr. e notas: Trajano Vieira; trad. e ensaio crítico: Haroldo de Campos; trad.: Odorico Mendes, 1874). Rio de Janeiro: 7 Letras, 1999.

Ilíada de Homero, v. 1 (org. e intr.: Trajano Vieira). São Paulo: Mandarim, 2001; 2. ed., São Paulo: Arx, 2002; 3. ed., 2002; 4. ed., 2003; 5. ed., São Paulo: Benvirá, 2010.

Ilíada de Homero, v. 2 (org.: Trajano Vieira). São Paulo: Arx, 2002; 2. ed., 2003; 3. ed., São Paulo: Benvirá, 2010.

Ungaretti: daquela estrela à outra (com Aurora Bernardini; org.: Lucia Wataghin). São Paulo: Ateliê, 2004.

Éden: um tríptico bíblico. São Paulo: Perspectiva, 2004.

Poemas de Konstatinos Kaváfis (org.: Trajano Vieira). São Paulo: Cosac Naify, 2012.

4. Principais antologias

Antologia Noigandres (com Augusto de Campos, Décio Pignatari, Ronaldo Azeredo & José Lino Grünewald; edição especial da revista *Noigandres*, n. 5). São Paulo: Edição dos Autores/Massao Ohno, 1962.

Transideraciones (org. e trad.: Eduardo Milán & Manuel Ulacia). Cidade do México: El Tucán de Virginia/Fundación E. Gutman, 1987; 2. ed. ampl., Cidade do México: El Tucán de Virginia/Fundación Octavio Paz/Consejo Nacional para la Cultura y las Artes, 1999.

Os melhores poemas de Haroldo de Campos (sel.: Inês Oseki--Dépré). São Paulo: Global, 1992; 2. ed., 1997; 3. ed., 2000; 1. reimpr., 2005.

Konkrét versek (trad.: Petöcz András & Pál Ferenc). Budapeste: Íbisz, 1997.

Galaxia concreta (com Augusto de Campos & Décio Pignatari; org. e trad.: Gonzalo Aguilar). Cidade do México: Universidad Iberoamericana/Artes de México, 1999. (Colección Poesía y Poética)

Haroldo de Campos: une anthologie (org. e trad.: Inês Oseki--Dépré). Paris: Al Dante, 2005.

L'educazione dei cinque sensi (org.: Lello Voce; trad.: Daniela Ferioli). Pesaro: Metauro Ed., 2005.

Novas: selected writings of Haroldo de Campos (org. e trad.: Antônio Sérgio Bessa & Odile Cisneros; pref.: Roland Greene). Evanston: Northwestern University Press, 2007.

Hambre de forma. Antología poética bilíngue (org.: Andrés Fisher; trad.: vários). Madri: Veintisiete Letras, 2009.

5. Obras sobre Haroldo de Campos

Espacio/Espaço Escrito. Revista de literatura en dos lenguas, n. 21-22, Badajoz, 2002 (dossiê "Presencia de Haroldo de Campos"; org.: Andrés Sánchez Robayna; inclui o encarte ILM AGO DELL' OM EGA, de Haroldo de Campos, ilustrado por Regina Silveira).

Haroldo de Campos: don de poesía. Ensayos críticos sobre su obra y una entrevista. Lima: Fondo Editorial de la Universidad Católica Sedes Sapientiae, 2004; 2. ed., Montevidéu: Linardi y Risso, 2009.

Céu acima: para um "tombeau" de Haroldo de Campos (org.: Leda Tenório da Motta; inclui CD). São Paulo: Perspectiva, 2005.

Haroldo de Campos: a dialogue with the Brazilian concrete poet (org.: Kenneth David Jackson). Oxford: Centre for Brazilian Studies/Oxford University, 2005.

Haroldo de Campos in conversation. In memoriam 1929-2003 (org.: Else Ribeiro Pires Vieira & Bernard McGuirk). Londres: Zoilus Press, 2009.

Signâncias: reflexões sobre Haroldo de Campos (org.: André Dick). São Paulo: Risco Editorial, 2010.

6. CDs

Circuladô (CD de Caetano Veloso; faixa "Circuladô de fulô"). Rio de Janeiro: PolyGram, 1991.

Canções (CD de Péricles Cavalcanti; faixa "Ode primitiva"). Rio de Janeiro: PolyGram, 1991.

Isto não é um livro de viagem (com 16 fragmentos de *Galáxias* oralizados pelo autor, com participação especial do citarista Alberto Marsicano). São Paulo: Editora 34, 1992.

O paulista adora a Paulista (participação com Péricles Cavalcanti em uma das faixas). São Paulo: Banco Nacional, 1992.

Espaços habitados (composição de Conrado Silva sobre textos de *Galáxias*; com Anna Maria Kieffer & Conrado Silva). São Paulo: Laboratório de Linguagens Sonoras da PUC-SP/Fundação Vitae, 1994.

Lobo solitário (CD de Edvaldo Santana; faixa "Torto", com Edvaldo Santana & Haroldo de Campos). São Paulo: Camerati, 1993.

Barulhinho bom: uma viagem musical (CD e vídeo de Marisa Monte; faixa "Blanco", fragmento do poema de Octavio Paz em transcriação de Haroldo de Campos). Rio de Janeiro: EMI, 1996.

Cadumbra (CD e livro da escultora Denise Milan, com metapoemas, textos e oralização de Haroldo de Campos). São Paulo: Difusão Cultural do Livro, 1997.

Madan (CD de Madan; faixas "Mundo livre", "Improviso Li Tai Po" e "Refrão à maneira de Brecht"; participação especial de Haroldo de Campos na faixa 17). São Paulo: Dabliú Discos, 1997.

Haroldo de Campos / Crisantempo. São Paulo: Cia. de Áudio, 1998.

12 poemas para dançarmos (trilha sonora: Cid Campos; faixa "Rimas petrosas"). São Paulo: MC2 Studio, s/d.

Poesia paulista — 12 canções (dir. e coord.: Dante Pignatari; faixa "Anamorfose", de A. Picchi & Haroldo de Campos). São Paulo: ECA-USP, 1998.

Baião metafísico (CD de Péricles Cavalcanti; faixa "Ode primitiva"). São Paulo: Trama, 2000.

Música nova para vozes (CD do Madrigal Ars Viva; composições de Gilberto Mendes; regência de Roberto Martins; faixas "O anjo esquerdo da história" e "Nascemorre"). Rio de Janeiro: EMI, 2000.

Constelário (CD de Lica Cecato; faixa "Constelário para Antonio Dias"). Rio de Janeiro: Mix House, 2000.

No lago do olho (CD de Cid Campos; faixa "Crisantempo"). São Paulo: Dabliú Discos, 2001.

Galaxien (CD do Trio Exvoco; partitura, participação e regência de Theophil Maier, com efeitos eletrônico-visuais sincronizados; espetáculo-homenagem dedicado à memória de Max Bense). Stuttgart, Alemanha, em preparo.

7. Vídeos

Galáxia albina, direção de Júlio Bressane, Betacam, 1990. (40')

Infernalário: logodédalo (galáxia dark), direção de Júlio Bressane, Betacam, 1990. (40')

Poetas de Campos e espaços: Noigandres, direção de Cristina Fonseca, São Paulo: TV Cultura, 1992.

Xilo VTE/Elogio da xilo (com oralizações de Haroldo de Campos, Arnaldo Antunes & Bete Coelho, acompanhado de livro-objeto com xilografias de Maria Bonomi, em edição limitada de 64 exemplares), direção de Walter Silveira, NTSC, 1994. (11'15)

Homenagem a Haroldo de Campos: Cinquentenário da PUC-SP, Vídeo PUC, 1996.

O acaso, vídeo da série "Diálogos Impertinentes", com o físico Luís Carlos de Menezes, São Paulo: TV PUC-SP/Folha de S.Paulo, 1996.

Programa Espaço Aberto, entrevista a Pedro Bial, São Paulo: TV Cultura, 1997.

Programa Roda Viva, coordenação de Jaime Martins, moderação de Matinas Suzuki, com João Alexandre Barbosa, Augusto Massi, Leão Serva e outros, São Paulo: TV Cultura, 28 out. 1998.

Programa Expresso Brasil, "A São Paulo de Haroldo de Campos", São Paulo: TV Cultura.

Pinturas para pisar, dança com performance de Ana Lívia Cordeiro e Gícia Amorim, com oralização do texto de Haroldo de Campos e pinturas por Aldir Mendes de Souza, São Paulo, 2002.

Galáxia Haroldo, especial da TV Cultura, gravação da homenagem a Haroldo de Campos realizada no TUCA, São Paulo, em 20 out. 2003.

8. Cinema

Sermões: a história de Antônio Vieira, direção de Júlio Bressane, assessoria poética e leitura de trechos de *Galáxias* por Haroldo de Campos, 1989. (35 mm, 80')

Glauberélio-Heliglauber (encontro imaginário entre Glauber Rocha e Hélio Oiticica), direção de Ivan Cardoso, roteiro de Haroldo de Campos, 1997.

9. Teatro

A cena da origem, direção de Bia Lessa, São Paulo: Teatro Mars, 1989.

Hagoromo: o manto de plumas (peça do teatro clássico Nô), direção de Alice K, São Paulo: Teatro SESC, 1995.

Pré-Fausto (Graal) (bufotragédia, primeira parte de uma projetada "Trilogia Fáustica"), direção de Gerald Thomas (com Bete Coelho), Rio de Janeiro: Teatro Carlos Gomes, 1997.

OUTROS TÍTULOS DO AUTOR
NESTA EDITORA

O SEQUESTRO DO BARROCO NA
FORMAÇÃO DA LITERATURA BRASILEIRA:
O caso Gregório de Matos

O SEGUNDO ARCO-ÍRIS BRANCO

CADASTRO
ILUMI*URAS

Para receber informações
sobre nossos lançamentos e
promoções, envie e-mail para:

cadastro@iluminuras.com.br

Este livro foi composto em Times pela *Iluminuras* e
terminou de ser impresso em 2020 nas oficinas da *Meta
Brasil Gráfica*, em Cotia, SP, em papel off-white 80g.